T0043723

Técnicas taoístas para vivir más

Técnicas taoístas para vivir más

Iravan Lee

© 2013, Iravan Lee
© 2013, Ediciones Robinbook, s. l., Barcelona

Diseño de cubierta: Regina Richling
Ilustración de cubierta: iStockphoto
Diseño interior: Igor Molina Montes

ISBN: 978-84-9917-333-7
Depósito legal: B-21.678-2013

Impreso por Sagrafic, Plaza Urquinaona, 14 7º 3ª, 08010 Barcelona
Impreso en España - *Printed in Spain*

Índice

Introducción

Según las enseñanzas taoístas, el tiempo necesario para dar nacimiento al feto inmortal eran cien días. Este feto inmortal necesitaba después muchos años de cuidado y crianza para ser capaz de abandonar el cuerpo y existir de forma independiente. En términos prácticos, cien días era la cantidad de tiempo necesario para establecer un sostén firme en la práctica del yoga taoísta. Hacia el final de los cien días debe usted haber comenzado a sentir calor en su bajo abdomen.

Cien días son más de catorce semanas, es decir, tres meses y casi una semana más, lo que supone un programa de catorce semanas de prácticas taoístas auténticas empleando un enfoque de tres puntas: regulación de la respiración, el cuerpo y la mente. Comenzaremos inmediatamente con el cuidado y crianza de los tres tesoros: Chi, Jing y Shen (energía, esencia y mente). Intentaré explicar con la suficiente claridad cada ejercicio o técnica, a fin de que pueda practicarlos por su cuenta sin la presencia de un instructor. Trataré de adelantarme a sus preguntas para que no haya confusión sobre la forma correcta en que debe hacerlos.

Instrucciones preliminares

Lo primero más importante que debe tener en cuenta es que ha de practicar todos los días. Muchos instructores y algunas obras indican que se debe practicar a la misma hora todos los días. Por mi propia experiencia puedo decirle que tal indicación es muy positiva si la puede llevar a cabo, pero también está bien si no puede hacerlo.

Debe encontrar un lugar bien iluminado y ventilado, ni muy caliente ni muy frío. Lo ideal es ejercitarse al aire libre, pero no siempre es posible, especialmente en sitios de climas fríos. Siempre que llueva, haya niebla o haga mucho viento, practique dentro de casa o en un lugar resguardado. Le recomiendo encontrar un sitio tranquilo para realizar los ejercicios. Puede utilizar una música de fondo suave, pero no es imprescindible. En realidad, cualquier espacio del que disponga para ejercitarse es aceptable, lo más importante es que practique diariamente. Desde luego, la experiencia puede tener efectos más profundos si puede hacer los ejercicios en un parque, cerca de un pequeño río, o en lo alto de una montaña, pero lo fundamental es trabajar lo mejor posible con lo que tiene a su alcance. Los taoístas son eminentemente prácticos, y sacan el mejor provecho de lo que tienen disponible. Mantenga su mente tranquila y libre durante la práctica de los ejercicios físicos, procurando sentirse calmado y relajado. Su postura y movimientos deben ser correctos, por lo que le recomiendo leer cuidadosamente las instrucciones de cada ejercicio. Léalas de nuevo; bien puede haber un paso o sugerencia que se haya saltado en la primera lectura.

Hacer un ejercicio mal puede impedir que progrese en su entrenamiento. Use ropa holgada durante los ejercicios. No se requiere uniforme especial. El algodón era la tela favorita de los taoístas y un conjunto para Kung Fu de seda cruda también es agradable, pero ni el algodón ni la seda son imprescindibles. Quítese las joyas que lleve para que no interfieran en la práctica de sus ejercicios. El Chi Kung está muy relacionado con la respiración, y las prendas de vestir ceñidas pueden dificultar los movimientos amplios. Para los hombres, los calzones son preferibles a los *slips*, pues permiten que los testículos cuelguen con naturalidad; lo que es importante para la práctica. Las mujeres deben evitar llevar sujetadores muy apretados, pero la decisión de usarlos o no depende de cuán cómoda se sientan. Si cree que necesita llevarlo o, simplemente, prefiere hacerlo, entonces úselo.

No coma antes de la práctica en la mañana; ejercitarse con el estómago lleno afecta a su digestión y puede hacerle sentirse indolente y cansado. Tampoco haga ejercicios cuando esté hambriento, ya que resulta muy difícil concentrarse. En lo que a dieta se refiere, reduzca el consumo de comida grasa y de dulces. La carne está permitida, siempre que se coma de forma moderada, pues de lo contrario también se sentirá demasiado pesado. Sobre todo, utilice el sentido común. No modifique su estilo de vida y sus hábitos alimenticios de forma brusca porque fracasará. Vaya introduciendo cambios gradualmente. Cuando esté listo para hacer un cambio, su cuerpo le avisará.

Las prácticas taoístas están diseñadas para permitirle estar en contacto más íntimo con su cuerpo, y al final se hará más sensible a sus necesidades. Introducirá cambios en su dieta cuando esté listo para ello. Usted es su propio amo. Muchas sectas taoístas eran vegetarianas, pero también había muchas que no lo eran. Algunas comían arroz casi exclusivamente, otras preferían la comida simple y otras, la elaborada y creativa, mientras que existían algunas que seguían la cocina de los cinco elementos equilibrando los cinco sabores: dulce, agrio, salado, amargo y picante. No hay regla fija. Los taoístas son flexibles. Si su conciencia le sugiere parar o siente que sus hábitos alimenticios están afectando negativamente su vida, entonces deténgase y haga algunos cambios.

Desde luego, se desaprueba el fumar. Si usted es un gran fumador, los ejercicios de respiración profunda pueden ayudarle a disminuir el hábito. Cuando fuma, efectúa una inhalación más profunda que su respiración normal, y muchas veces es esta inhalación profunda la parte más placentera del fumar. Los ejercicios de respiración, con su énfasis en la respiración prolongada y profunda, le ayudarán a dominar la ansiedad.

En realidad estas prácticas son muy útiles si desea dejar de fumar. Pero no espere milagros. Cuando esté listo y sienta deseos de dejar de fumar, lo hará. Todo es una cuestión de qué es importante para usted. Como ahora sabe qué es lo mejor para usted, es el momento de considerar el dejar de fumar. Este hábito puede matarlo. Debe evitar beber alcohol en exceso. No obstante, en alguna obra antigua sobre el canon taoísta se recomienda beber una copa diaria de vino, que puede ayudarle a relajarse. Más de una le ayudará a emborracharse. El uso de narcóticos está, desde luego, prohibido. Algunos taoístas en la Antigüedad tomaban hierbas, remedios elaborados con plantas y elixires, hábito que tenía mucho que ver con su búsqueda de la píldora de la inmortalidad, conocida como «alquimia del elixir externo». Algunos de estos remedios eran tóxicos, contenían mercurio, arsénico y cinabrio. Y aunque nunca fue descubierta píldora alguna de la inmortalidad, algunas de las fórmulas eran útiles por varias razones. Algunas aún existen, pero necesitaría de un boticario chino (que puede encontrarse en los barrios chinos de cualquier ciudad importante) para obtener los ingredientes. Las farmacias chinas venden píldoras que se utilizan para nivelar la energía de órganos individuales y sirven para equilibrar los cinco elementos, pero desde luego no son indispensables para la práctica. Siempre es cuestionable ingerir cualquier cosa que vaya a cambiar su química orgánica, sin un instructor versado disponible. Las modernas vitaminas occidentales y los suplementos dietéticos compuestos de hierbas cumplen con la misma finalidad que los remedios chinos, que es mantenernos saludables, con energía y mentalmente aptos.

Los hombres deben de disminuir el número de veces que eyaculan, ya que el cuerpo gasta mucha energía creando células de esperma. Cuando el escroto está lleno, el cuerpo reduce la producción de esperma y esta energía se conserva para otras funciones corporales. Como consecuencia de la pérdida de semen, las fábricas de esperma deben trabajar a toda intensidad, y si la pérdida es continua, estas fábricas se verán obligadas a trabajar sin descanso mermando su Chi y su Jing. Nótese que no estoy diciendo que deba disminuir su actividad sexual, sólo le recomiendo que eyacule con menos frecuencia. Esto es especialmente válido para hombres de más de cuarenta años. Los secretos taoístas de retención seminal eran con frecuencia empleados como métodos de rejuvenecimiento por hombres mayores. Mantener dentro la esencia sexual en lugar de desperdiciarla sin pensarlo se considera una de las prácticas taoístas de salud, rejuvenecimiento y longevidad más beneficiosas. Se trata de que a la hora de hacer el amor se persiga mantener la erección durante más tiempo en lugar de buscar un orgasmo rápido. Las mujeres se benefician también del sexo lento, donde la meta no es provocarle un orgasmo al compañero, sino más bien que ambos prolonguen su placer. El equilibrio del Yin y el Yang entre usted y su compañero/a debe armonizarse. En otras palabras, su vida sexual debe experimentar un cambio hacia la mejoría.

Por otra parte, el celibato también funciona, al menos durante los cien días de práctica. Después, los taoístas creen que el celibato forzoso puede volver loca o neurótica a una persona. Los taoístas usan el celibato para sublimar la energía de la fuerza vital, no para agotarla. Éste es un concepto novedoso en Occidente, pero las técnicas taoístas de amor curativo se remontan a hace miles de años, a la época del Emperador Amarillo, uno de los tres fundadores de la civilización china.

También es importante no practicar con la vejiga llena, ya que perturba la concentración al estar pendiente de retener la orina mientras se hace ejercicio. Puede interrumpir la sesión e ir al servicio. No se preocupe si eructa o pedorrea. No le dé importancia.

Los taoístas tenían diversas creencias acerca de cuál era la mejor hora para practicar. Según ellos, de noche, las mejores horas eran entre las once y la una de la madrugada y entre las cinco y las siete de la tarde. Por la mañana, recomendaban ejercitarse entre las cinco y las siete y entre las once y la una de la tarde. Pero desaconsejaban practicar entre la una y las tres de la tarde. Las razones de estas reglas son complicadas y están basadas en el complejo calendario y astrología chinos. Yo no suelo darles demasiada importancia a estos horarios, pero he querido incluirlos aquí sólo con fines informativos.

Trate de seguirlos si así lo desea y vea si le ayudan en su práctica; sino, ignórelos. Repito: lo más importante es practicar todos los días por lo menos quince minutos. Puede realizar los ejercicios una vez al día, dos o más, puede practicar durante horas si lo desea. Pero lo fundamental es que se ejercite diariamente. Si está enfermo, no haga nada que lo fatigue, pero siempre puede realizar ejercicios de respiración. Bien, ahora ya está listo para comenzar la primera semana de práctica.

Respirar bien, una lección de vida

► Respiración Chi

El significado original de Chi es respiración. Antes de pasar a otro método de regulación de la respiración, es importante tener claro cómo respiramos. Respirar es algo que todos hacemos de forma natural. No pensamos en ello, nadie se ha ahogado porque se haya olvidado de respirar. Es instintivo.

Muy pocas personas reciben instrucciones de cómo respirar. Si usted es cantante o nadador habrá tenido alguna formación al respecto, pero la mayoría de hombres y mujeres sólo pensamos en la respiración si estamos enfermos y ésta se ve por tal motivo afectada. Por ello ahora quiero que se escuche respirar. No trate de regular o alterar su forma de hacerlo. Sólo preste atención a cómo respira normalmente durante un minuto. Tome algunas notas mentales o escritas acerca de lo que observa.

¿Pudo escucharse respirar? La mayoría de personas puede hacerlo. ¿Su respiración es agitada o tranquila? ¿Fuerte o suave? Si alguien hubiera estado cerca de usted, ¿hubiera podido escucharlo respirar? ¿Su respiración es superficial, la localiza en la parte superior del pecho, o más profunda, la ha sentido más abajo? ¿Ha notado el movimiento del diafragma conforme inhalaba y exhalaba? ¿Podía ver su pecho subir y bajar y expandirse y contraerse su vientre con cada respiración? ¿Era rápida o lenta, regular o irregular? ¿Cree que su inhalación era tan prolongada como su exhalación? ¿Hizo pausas entre las respiraciones? ¿Tomó el aire por la nariz o por la boca? Sólo escuche y sienta qué sucede con cada respiración. Podría sorprenderle. Escúchese respirar nuevamente durante un minuto.

La meta de los ejercicios de respiración de esta semana es que tome conciencia de su forma natural de respirar y consiga que su respiración llegue a ser más lenta y tranquila. Una respiración Chi Kung debe ser lenta, profunda, armoniosa, silenciosa. Para conseguirlo, es necesario mucho entrenamiento y para eso está usted aquí.

Respire por la nariz, excepto en los casos en que se le indique que lo haga por la boca. Puede practicar la respiración en cualquier momento y lugar, tratando de que sea apacible. Para ello su mente debe estar tranquila. En los ejercicios de regulación de la mente de esta semana, haremos una práctica estructurada para combinar calmar la mente y advertir y regular la respiración. Todos los ejercicios están interrelacionados. Hay pocos ejercicios «puros» que sólo afecten a uno de los tres tesoros. La respiración influye tanto en el cuerpo como en la mente.

Respiración y mente están mucho más conectadas de lo que puede parecer. Nuestro estado emotivo con frecuencia determina la forma en que respiramos. Cuando estamos enfadados, efectuamos cortas y rápidas respiraciones hacia el estómago. Cuando nos sentimos ansiosos, éstas también son breves y rápidas, pero quedan localizadas en la parte superior del pecho. Cuando estamos contentos, respiramos de forma más larga, lenta y profunda. Con el tiempo, el control de la respiración nos ayuda a dominar la mente emotiva, a la cual los taoístas llaman mente Hsin.

Durante los tres primeros días de esta semana debe practicar el respirar de la forma que suele hacerlo, pero siendo consciente de cómo lo hace. Puede practicar al levantarse de la cama; esto le ayudará a despertarse y a despejar su mente. Preste atención a su respiración durante unos minutos. También puede hacerlo a cualquier hora del día o de la noche. Si lo hace de noche, cuando ya esté en la cama, le relajará y le ayudará a dormirse.

El cuarto día de la semana debe empezar a tener una mayor conciencia del proceso de respiración. Los ejercicios que realizará a continuación le ayudarán a prepararse para la práctica de la respiración abdominal, que comenzará a aprender la segunda semana. Practique la respiración durante más tiempo y de forma más lenta. Tome más aire, de esta forma aportará más oxígeno a su organismo. Respire armoniosamente, es decir, trate de que la duración de la inhalación sea igual que la de la exhalación. No haga pausas entre las respiraciones o entre inhalación y exhalación, y continúe respirando de forma suave y tranquila.

Trate de enviar el aire hacia el diafragma, que se encuentra por debajo de los pulmones. En lugar de expandir el pecho o vientre cuando inhala, intente que el aire empuje hacia abajo el diafragma. Relaje el pecho al inhalar, destensando los músculos, de esta forma permitirá que el aire entrante empuje hacia abajo el diafragma. Su pecho y vientre no deben alzarse tanto como a principios de la semana. No haga fuerza. Respire con calma. Cuando exhale, relaje lentamente el diafragma. Éste es el principio de la respiración profunda.

Contar puede ayudarle a equilibrar la duración de la inhalación y la espiración. Para los principiantes, prolongar una y otra durante cuatro segundos resulta un ejercicio excelente y muy apropiado. Mientras toma aire cuente uno, dos, tres, cuatro. Luego espire contando también hasta cuatro. Durante el resto de la semana realice este ejercicio por espacio de cinco o diez minutos cada día. Practicar la respiración profunda por la mañana resulta muy beneficioso, ya que ayuda a que fluya el Chi, pero también sigue siendo una práctica igualmente excelente a cualquier hora del día. Le ayuda a adquirir más energía si está cansado, pues aporta una mayor cantidad de oxígeno a su sistema. Además, es un ejercicio sencillo que puede realizarlo en cualquier momento y lugar. Si lo hace bien, de forma tranquila y pausada, nadie alrededor de usted notará que está realizando el ejercicio.

Habituarse a practicar la respiración profunda resulta muy beneficioso. Al principio puede no ser fácil. El diafragma de muchas personas
parece estar tenso y falto de flexibilidad, y puede seguir así durante los
primeros días de empezar a ejercitarlo de nuevo.

La respiración profunda es el más básico de todos los ejercicios de
Chi Kung. En China se enseña a personas convalecientes que deben
permanecer en cama a respirar por la nariz de forma regular, lenta, armoniosa y tranquila. Con cada inhalación pronuncian mentalmente la
palabra «calma» y con cada exhalación, la palabra «relajado». Esta práctica puede ser usada para aliviar todo el cuerpo. Si no puede hacer otro
tipo de ejercicio físico, puede practicar la respiración profunda de tres a
cuatro veces al día durante veinte o treinta minutos cada vez. También
puede relajar varias partes del cuerpo mientras realiza los ejercicios de
respiración. Comience con la cabeza, luego los brazos, manos, pecho,
abdomen, espalda, nalgas, piernas y pies. Relaje todos sus músculos. A
continuación, concéntrese e intente relajar los vasos sanguíneos, nervios
y órganos internos. Este ejercicio ayuda a calmarse y a reducir la tensión.
Inhale y diga mentalmente «calma», luego exhale y diga «relajado».

Primer sonido curativo: el sonido de los pulmones

Puesto que estamos aprendiendo cosas acerca de la respiración, parece
adecuado que el primer sonido curativo que mencionemos sea el sonido
del pulmón. A mí, los sonidos curativos me fueron enseña dos en un
orden específico y este sonido fue el primero en la serie. Para apreciarlos
mejor, es necesario entender lo que pretende alcanzar cada sonido y
qué papel tienen en el escenario de los cien días de práctica.

Ya he dicho que el sonido curativo ayuda a despedir calor de los órganos a través de la aponeurosis que los rodea y regula su temperatura.
Cuando estamos tensos o angustiados la aponeurosis tiende a contraerse y pegarse al órgano, lo que impide que ésta cumpla con su función y no sea liberado del órgano el calor suficiente produciéndose una

concentración de éste y de toxinas, lo cual tiene un efecto directo sobre nuestra salud y nuestros sentimientos.

La sociedad contemporánea ha contribuido a crear estilos de vida que generan en las personas una gran tensión física y emotiva. Vivimos en ciudades sobre pobladas, con contaminación, ruido y tráfico. Comemos mucha «comida basura» e ingerimos una gran cantidad de aditivos químicos. Con frecuencia nos sentimos ansiosos o solos. Como pasamos demasiado tiempo sentados, hacemos ejercicio vigoroso, de alto impacto. Toda esta tensión física y emocional provoca zozobra y bloquea el libre flujo de la energía Chi en el cuerpo, lo que tiene como consecuencia que la aponeurosis oprima los órganos principales y se produzca el calentamiento excesivo de los mismos. Si un órgano sufre un sobrecalentamiento continuado, se endurece y contrae, queda inhibida su aptitud para funcionar de forma apropiada y, finalmente, si no se remedia, enfermará.

Dado que cada uno de los órganos principales controla uno de los cinco elementos, el equilibrio de éstos queda afectado si hay una concentración de calor en uno de los órganos. Los pulmones controlan el elemento metal, que puede tener un efecto positivo o negativo sobre el cuerpo y estado mental. Así, si se concentra mucho calor en los pulmones, se experimentará un efecto negativo en el elemento metal, que a su vez afecta a otros órganos. Pero los taoístas descubrieron que elementos o fuerzas negativas también crean y controlan emociones negativas. Las que resultan de pulmones sobrecalentados y tensos son tristeza, aflicción y depresión.

El sonido curativo del pulmón inicia el proceso de liberar emociones negativas disipando el calor concentrado en este órgano. Puede parecer una locura, pero estas prácticas fueron desarrolladas hace miles de años por verdaderos maestros de Tao y son bien conocidas en el canon taoísta. Si se efectúan de forma diligente, funcionan.

El sonido es una vibración. Cada sonido vibra a una particular frecuencia. Los maestros de Tao descubrieron hace mucho tiempo que un órgano sano vibra a una particular frecuencia, y cada uno de los seis sonidos curativos vibra a una de las seis frecuencias correctas para mantener los cinco órganos principales y el triple calentador en condición óptima para prevenir y aliviar males.

Lo realmente bueno acerca de todo esto es que los sonidos curativos son ridículamente fáciles de efectuar. El sonido curativo para los pulmones es «S-S-S-S-S-S-S-S». Como una suave y perezosa serpiente: ¿Qué podría ser más fácil?

El sonido, que se hace al exhalar, tiene por sí mismo un efecto positivo en el cuerpo, pero aun así hay movimientos específicos diseñados para realzar los sonidos curativos, a los que llamamos sonidos curativos Chi Kung. Aquí está el primero.

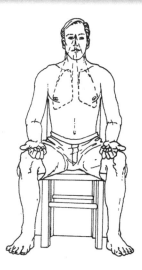

1. Este ejercicio se hace sentado en una silla, con las manos descansando sobre el regazo y las palmas hacia arriba. Mantenga los ojos abiertos. No haga este ejercicio mientras conduce.

2. Concéntrese en sus pulmones. Trate de sentirlos dentro de usted. Los pulmones están debajo de la caja de las costillas, en su pecho. Si no está seguro de su localización exacta, no se preocupe. Si no puede sentir nada, sólo visualícelos dentro de usted.

3. Respire profundamente. Inhale contando hasta cuatro —durante los primeros tres días sólo haga una respiración contando hasta cuatro sin usar el diafragma— mientras expande el diafragma, manteniendo el pecho relajado.

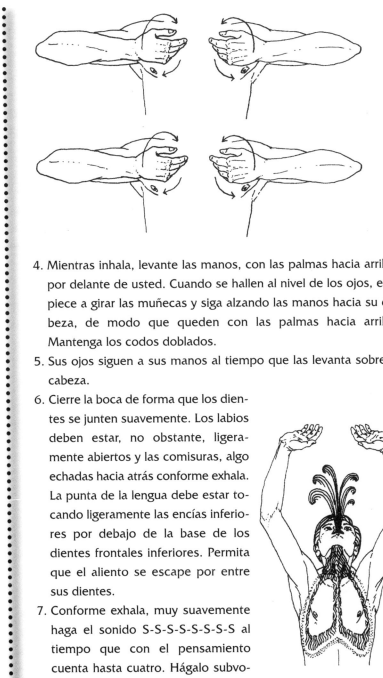

4. Mientras inhala, levante las manos, con las palmas hacia arriba, por delante de usted. Cuando se hallen al nivel de los ojos, empiece a girar las muñecas y siga alzando las manos hacia su cabeza, de modo que queden con las palmas hacia arriba. Mantenga los codos doblados.

5. Sus ojos siguen a sus manos al tiempo que las levanta sobre la cabeza.

6. Cierre la boca de forma que los dientes se junten suavemente. Los labios deben estar, no obstante, ligeramente abiertos y las comisuras, algo echadas hacia atrás conforme exhala. La punta de la lengua debe estar tocando ligeramente las encías inferiores por debajo de la base de los dientes frontales inferiores. Permita que el aliento se escape por entre sus dientes.

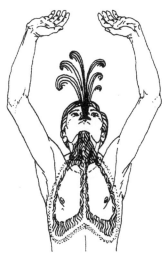

7. Conforme exhala, muy suavemente haga el sonido S-S-S-S-S-S-S-S al tiempo que con el pensamiento cuenta hasta cuatro. Hágalo subvo-

calmente conforme se vuelve más hábil. Es decir, al principio el sonido debe ser apenas perceptible, pero cuando es subvocal se vuelve imperceptible aunque aún siga haciendo el sonido. Si lo hace lo suficientemente silencioso, al final el sonido parece vibrar en sus propios pulmones.

8. Conforme exhala y hace el sonido S-S-S-S-S-S-S-S trate de visualizar y sentir la aponeurosis, conocida como pleura, que rodea los pulmones como una bolsa.

9. Mientras exhala sienta o perciba calor radiando fuera de su pleura.

10. Visualice sus pulmones bañados en una blanca luz metálica. Expulse cualquier energía enferma, tristeza, melancolía o pesar. Limítese a sentir o a imaginar que esos sentimientos salen de usted junto con el calor excesivo de los pulmones cuando exhala.

11. Cuando haya terminado de exhalar, baje lentamente las palmas a su regazo.

12. Descanse y haga un par de respiraciones normales.

13. Haga otra respiración profunda. Repita al menos tres veces esté ejercicio en cada sesión.

No se preocupe si al principio siente algo dentro. No se preocupe en absoluto. Acostúmbrese al ejercicio. Hágalo lo mejor que pueda. El sonido en sí es curativo. Al final de esta primera semana sus pulmones se sentirán mejor. Tampoco se preocupe si le cuesta visualizar. La visualización es una técnica que puede resultar fácil a algunos y resistirse a otros. Si usted no tiene problemas para visualizar, limítese a sentir sus pulmones rodeados por una bolsa.

Por favor, use su imaginación para ver sus pulmones rodeados de una blanca luz metálica. Éste es el color del elemento metal. Fomentamos el uso de la imaginación como ayuda para llevar a cabo los ejercicios. Con el tiempo lo que pensó que era fruto de su imaginación se convertirá en realidad.

El sonido S-S-S-S-S-S-S-S funciona haga o no los movimientos de Chi Kung. Puede hacerlos en cualquier momento acompañándolos siempre por el sonido, excepto, como ya he indicado, si está conduciendo. Se trata de una medida de seguridad. El ejercicio completo implica el uso de los sentidos que podrían distraerle, y sería peligroso mientras lleva un coche. Sin embargo, puede hacer el sonido S-S-S-S-S-S-S-S mientras exhala al tiempo que conduce si no realiza ninguno de los movimientos de las manos, ni ninguno de los ejercicios de visualización o percepción interna.

Haga el sonido S-S-S-S-S-S-S-S al menos tres veces cada día, o tantas veces como quiera, nunca se excederá. Se recomienda realizarlo entre tres y seis veces por sesión, pero esta norma se aplica cuando se está practicando más de un sonido curativo, yen este momento usted sólo está haciendo uno. Así pues, practique el sonido curativo del pulmón Chi Kung esta semana. No tiene que hacerlo cada vez que haga un ejercicio de respiración, pero esté seguro de que lo realiza al menos tres veces cada día.

Regular la respiración: primera semana

1. Del primer al tercer día. Respire normalmente. Cada día, durante cinco o diez minutos, fíjese en cómo lo hace. Puede prolongar el tiempo del ejercicio si le apetece (lo mismo ocurrirá con la mayoría de ejercicios).

2. Del cuarto al séptimo día. Practique la respiración profunda. Respire por la nariz, inhalando y espirando de forma larga, lenta, armoniosa y tranquila. Trate de enviar el aire hacia el diafragma. Relaje el pecho, el cual no debe alzarse pero sí vaciarse por completo al exhalar. Cuente hasta cuatro mientras toma aire y espire contando también hasta cuatro. Realice este ejercicio diariamente durante cinco o diez minutos.

3. Ejercicio suplementario. Respiración de relajación: al inhalar diga mentalmente «calma» y al espirar diga en silencio «relajado». Este ejercicio también puede ser utilizado para laxar diferentes partes del cuerpo al tiempo que se ejercita con la respiración, lo que puede

hacer en cualquier momento. Ayuda a relajarse, reduce la tensión y puede ser muy beneficioso para personas convalecientes.

Algunas personas se levantan por la mañana con ganas de hacer ejercicio físico vigoroso; otras odian levantarse de la cama y se contentan con hallar el camino al baño. Puesto que no puedo estar junto a usted para diseñarle un programa personalizado, tengo que incluir ejercicios y prácticas que satisfagan a esos dos tipos extremos de personas y también a todas aquellas que se hallan en una franja intermedia. Si usted es físicamente activo y hace ejercicio con regularidad, continúe haciéndolo vigorosamente y practique al mismo tiempo los ejercicios que encontrará aquí.

Hay mucho que aprender en esta primera semana. No se requiere mucho tiempo para realizar los ejercicios, pero primero debe estar seguro de que los está haciendo bien. Lea cuidadosamente las instrucciones, luego léalas de nuevo con frecuencia. Comenzar los ejercicios taoístas es una experiencia maravillosa. Va a adquirir una información nueva y sorprendente sobre usted y sobre cómo funciona su organismo. Se trata del principio de una aventura.

Un buen lugar para comenzar la aventura taoísta es la cama, al despertar, dándole la bienvenida al día. Si usted es una persona perezosa y le cuesta levantarse por la mañana (o cuando se levante), éste es un buen momento para comenzar sus ejercicios de respiración. Durante los tres primeros días limítese a escuchar y tomar conciencia de ella, lo cual le permitirá concentrarse y hacer fluir el Chi. En el cuarto día inicie la práctica de la respiración profunda, inhalando y espirando de forma larga y lenta, tratando de expandir el diafragma según se ha descrito en la primera semana, es decir, regulando la respiración. Al enviar el aire hacia el diafragma, aumentará el flujo de oxígeno en sus pulmones y ello le ayudará a estimular la circulación sanguínea y a tener más energía. Ahora tendrá fuerzas para levantarse de la cama. Al principio, mientras su cuerpo empieza a despertar, quizá le cueste practicar la respiración profunda, pero después de algunas respiraciones comenzará a sentir cómo aumenta la presión sobre el diafragma. La respiración profunda usando el diafragma ejercita y fortalece tanto la parte media como la parte superior del cuerpo.

Hasta aquí nos hemos centrado sobre todo en el proceso de inhalación, pero no hemos dicho mucho sobre la exhalación. Los taoístas practicaban seis métodos específicos de exhalar el aliento, conocidos como los seis sonidos curativos. Es tiempo de aprender el primero.

La respiración abdominal

Es muy posible que las dificultades que hayan experimentado algunas personas se deban a un diafragma tenso y demasiado rígido. Si éste es su problema, debe saber que su diafragma no se mueve de arriba abajo mientras inhala y exhala, sino que actúa como si fuera una banda rígida situada en la base del tórax. Con el tiempo, la práctica de ejercicios de respiración logrará que el diafragma se relaje y recupere su flexibilidad.

Si está experimentando dificultad con la respiración, persevere. Puede llegar a sentir calambres en el diafragma. No se preocupe, éste es un buen signo. Como cualquier otro músculo, el diafragma puede envararse si es ejercitado después de largo tiempo (quizá muchos años) de inactividad. Aunque sienta algún tipo de malestar, continúe practicando la respiración profunda, dése un baño caliente o masajee el diafragma tal como aprenderá esta semana en el apartado del automasaje de rejuvenecimiento de «Regular el cuerpo».

El diafragma es un músculo muy poderoso que se endurece en los fumadores. La tensión lo aprieta. También tiende a endurecerse conforme envejecemos. Una respiración poco profunda no ejercita suficientemente el diafragma y éste acaba perdiendo flexibilidad por la falta de uso; por otra parte, un diafragma endurecido hará que la respiración sea superficial: se trata de un círculo vicioso. El resultado es que un diafragma tenso le impedirá respirar bien y absorber oxígeno suficiente dentro de su sistema y agotará su energía vital, dejándolo perpetuamente fatigado. Ello no sólo resulta poco saludable, sino que también bloquea el Chi en la mitad de su cuerpo y contribuye fuertemente a que usted se sienta envejecer. Un diafragma flexible le ayudará a experimentar una sensación de mayor vitalidad, además de que es crucial para avanzar en las prácticas de estos cien días.

Esta semana aprenderá la técnica principal de respiración Chi Kung conocida como respiración abdominal que no es más que la respiración profunda ligeramente modificada.

Cuando hacemos una respiración abdominal inhalamos al mismo tiempo que relajamos y hundimos el pecho y el esternón (hueso pectoral), provocando que el diafragma descienda y al hacerlo ejerza presión sobre los órganos que se hallan debajo de él, especialmente sobre la glándula suprarrenal, situada encima de los riñones comprimiéndolos hacia abajo. Esto proporciona espacio para que la parte inferior de los pulmones se llene de aire. Esta expansión hacia abajo del diafragma, glándula suprarrenal y riñones presiona el abdomen haciendo que se expanda hacia afuera. Al exhalar, el abdomen se contrae hacia dentro y empuja hacia arriba sobre los órganos y el diafragma. Por todo ello se conoce como respiración abdominal.

Aparte de dar más espacio para que los pulmones se llenen de aire y se ejercite el diafragma, la respiración abdominal también masajea suavemente los órganos vitales y el abdomen. Al descender el pecho y el esternón existe una presión sobre la glándula del timo, debajo del hueso pectoral, que la activa. Según los taoístas, se trata de la glándula más importante para el rejuvenecimiento. Al envejecer, la glándula del timo se encoge, y pasa de ser del tamaño de un durazno fresco al de una semilla arrugada. Activar y restaurar la glándula del timo es una de las grandes técnicas secretas de los taoístas.

La respiración abdominal es en realidad nuestra forma original de respiración. Muchas fuentes taoístas se refieren a ella como respiración

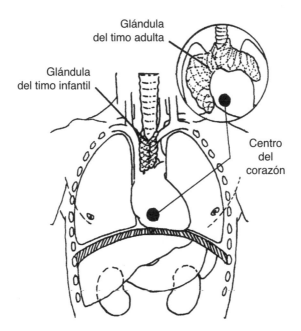

Glándula
del timo adulta

Glándula
del timo infantil

Centro
del
corazón

natural porque así es como respiramos cuando somos unos bebés recién nacidos. Antes del nacimiento el bebé recibe Chi y sustento de su madre a través del cordón umbilical, y no usa los pulmones para respirar hasta el momento de nacer. Al principio son unos órganos débiles y el abdomen ayuda a movilizarlos empujando el diafragma hacia abajo a fin de que la parte inferior de los pulmones se llene de aire. Generalmente seguimos respirando con la ayuda del diafragma mientras somos niños, y algunos continuamos respirando de este modo durante toda nuestra vida; pero no somos la mayoría. La intervención de una serie de factores cambia nuestros hábitos respiratorios hasta que, finalmente, llegamos a perder el hábito de la respiración abdominal y sólo practicamos una respiración alta y superficial. Los taoístas explican este hecho en términos de presión del Chi. Al igual que cuando un neumático se llena con aire se crea una presión interna (libras por pulgada cuadrada), nuestro cuerpo experimenta la presión del Chi sobre nuestros órganos y cavidades. En el momento del nacimiento y primera infancia, en el cuerpo existe más presión del Chi que en los pulmones y por ello disfrutamos de una respiración más eficaz y enérgica en el sentido de que los pulmones no tienen que esforzarse tanto para absorber aire: la presión del Chi en el abdomen se encarga de casi toda la tarea. No obstante, conforme envejecemos, si no aprendemos a conservar la presión interna del Chi, la perdemos, así como también perdemos nuestra aptitud para respirar de forma abdominal. En otras palabras, nuestro interior se debilita.

Respirar con los pulmones activando sólo el área del pecho es energéticamente ineficaz. Con este tipo de respiración rara vez llenamos de aire más del tercio superior de los pulmones y gastamos más energía de la que creamos al emplear los músculos de los pulmones y del pecho para expandir la caja de las costillas cuando inhalamos. Al exhalar parece como si nos colapsáramos por dentro.

La respiración abdominal nos enseña a aumentar la presión interna del Chi, la cual, al incidir sobre el diafragma y abdomen, nos ayuda a que los pulmones gasten menos energía para llenarse completamente de aire. Además, varios órganos internos, en especial los riñones, se ven reforzados por la acción del masaje causado por la compresión del diafragma y el abdomen al expandirse mientras se inhala y por la consecuente descarga a la hora de exhalar.

Los riñones se consideran unos de los órganos más importantes del cuerpo. Sirven para filtrar el material de desecho fuera de la sangre. Nuestra salud y longevidad dependen de ellos.

Los taoístas enseñan que los riñones son las bodegas de la esencia Jing original del cuerpo, que es la que se convierte en Chi, es decir, en la energía de fuerza vital que el cuerpo utiliza para estimularse. Así, el Jing original es como combustible almacenado en un tanque, en este caso los riñones, y el Chi es ese mismo combustible convertido en energía. En realidad, esto es lo que hace el motor de un coche: convierte el combustible en energía para darle potencia al automóvil. La técnica más importante para convertir la esencia en Chi es la respiración abdominal, ya que no sólo masajea los riñones sino que, además, ayuda a transformar más eficazmente el combustible, por lo que se tiene que utilizar menos Jing original, algo muy importante ya que cuanto más dura la energía original, más tiempo se vive.

Como puede ver, la respiración abdominal es de una importancia vital para su salud, rejuvenecimiento y longevidad. A continuación aprenderá a practicarla correctamente.

Respiración abdominal

1. Exhale y empuje el abdomen y estómago hacia adentro, hacia la columna vertebral.

2. Hunda y relaje el pecho y el esternón (hueso pectoral). No haga fuerza. Sentirá un leve tirón o aplanamiento del pecho.

3. Inhale lentamente por la nariz. Trate de mantener el pecho y estómago planos mientras lo hace.

4. Llene los pulmones de aire, tratando de enviarlo hacia el diafragma y sienta cómo éste empuja hacia abajo.

5. Mientras inhala notará cómo el abdomen se expande hacia todos los lados (no sólo hacia adelante), como si fuera una pelota de playa. Hay mínima o nula expansión del pecho o de la zona del estómago situada por encima del ombligo.

6. Cuando haya conseguido llenarse de aire sin esforzarse, exhale con lentitud contrayendo el abdomen con una ligera fuerza muscular y relajando el diafragma.

7. La inhalación y exhalación deben ser lentas, continuadas, de igual duración y tan silenciosas como le sea posible. Habrá hecho verdaderos progresos cuando la respiración sea prácticamente imperceptible.

8. Al principio, haga al menos tres respiraciones completas: inhalación y exhalación. Si puede haga nueve o más cada vez que realice este ejercicio.

El objetivo final es cambiar sus hábitos respiratorios a fin de que restaure la respiración abdominal como su forma natural de respirar. Esto

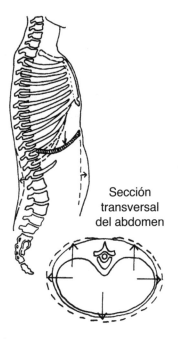

Sección
transversal
del abdomen

lleva tiempo y práctica. Como ya he señalado, este tipo de respiración le resultará muy beneficioso. En muchas formas proporciona el cimiento de gran cantidad de trabajo futuro que iremos haciendo durante los cien días de práctica. Al principio puede enfrentarse a dureza, rigidez, resistencia o envaramiento, pero son sensaciones que logrará superar.

La respiración abdominal es sencilla. Al inhalar, trate de enviar el aire hacia la parte baja de los pulmones y expanda el abdomen. Al exhalar, contráigalo. Juegue con el ejercicio «mira, mamá, soy una pelota de playa», Puede ser divertido si no se lo toma como una obligación, como algo impuesto. No olvide que está protegiendo su mayor posesión.

➤ Respiración abdominal y poder perineal. Primera parte

El método es sencillo. Simplemente debe estirar el perineo y el ano. No tire de los órganos sexuales en este ejercicio. Conforme vaya progresando con esta práctica, notará que puede diferenciar entre diversas partes del perineo, tales como parte delantera, parte de atrás y lados. Por ahora solamente se está familiarizando con el trabajo en esta área, así es que procure estirar sólo del músculo del perineo, situado entre los órganos sexuales y el ano. En este ejercicio debe estirar al exhalar, no al inhalar. A continuación le señalo los pasos de la respiración abdominal con poder perineal:

1. Exhale y empuje hacia adentro el abdomen y el estómago, como si quisiera tocar con ellos la columna vertebral.
2. El pecho y el esternón (hueso pectoral) se relajan y se hunden. No haga fuerza. Debe sentir un ligero tirón o aplanamiento del pecho.
3. Inhale lentamente por la nariz. Trate de mantener el pecho y el estómago planos mientras lo hace, de otro modo esta área también se expandirá cuando inhala y no estará haciendo respiración abdominal.
4. Llene los pulmones de aire. Respire hacia el diafragma y sienta el impulso en la parte baja del abdomen.
5. El abdomen se expande por todos lados (no sólo hacia delante), como cuando se hincha una pelota de playa. Hay mínima o nula expansión del pecho y de la parte alta del abdomen, por encima del ombligo.
6. Cuando note que realiza la inspiración abdominal sin esforzarse, mantenga el aire en apnea un segundo o dos y luego exhale.
7. Exhale lentamente, contrayendo el abdomen y efectuando una ligera fuerza muscular al mismo tiempo que empuja hacia arriba el perineo y el ano (no los órganos sexuales), sin emplear demasiada fuerza, y se relaja el diafragma.

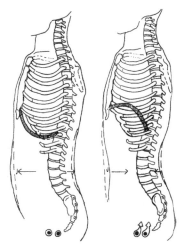

8. Descanse durante un segundo o dos y relaje el perineo y el ano antes de iniciar la siguiente inhalación.
9. La inhalación y la exhalación deben ser lentas y de igual duración y lo más silenciosas posible.

Esta semana practique esta serie de ejercicios diariamente durante menos de cinco minutos.

Segunda parte

Los ejercicios de regulación de la respiración van a ser una variación de los anteriores, en la que aprendió a practicar la respiración abdominal combinando el estiramiento del perineo y del ano al exhalar. Va a seguir fortaleciendo y aumentando la percepción del área del perineo. La inhalación la efectuará de la misma forma, pero en el momento de exhalar alternará entre estirar sólo del músculo del perineo y no del ano en una exhalación y estirar sólo del ano y no del perineo cuando vuelva a sacar el aire.

No puedo enfatizar suficientemente la importancia de fortalecer el área del perineo. Cuando estamos erguidos, todo el cuerpo descansa sobre el perineo. El que esta zona esté débil tiene un profundo efecto sobre el resto del cuerpo; estaremos derramando energía constantemente. Cuando el área se halla fortalecida, podemos originar poder perineal, que no sólo fortalece el perineo, sino que tiene una importancia creciente al favorecer nuestra aptitud para mover el Chi de arriba abajo a través de los canales gobernador y funcional.

1. Haga una inhalación de respiración abdominal expandiendo el bajo abdomen.
2. Exhale y contraiga los músculos abdominales al tiempo que estira sólo del perineo (Hui Yin), localizado entre la parte posterior de los órganos sexuales y la anterior del ano. No estire del ano ni de los órganos sexuales.
3. Relaje el perineo y haga otra inhalación de respiración abdominal expandiendo completamente el bajo abdomen.
4. Exhale y contraiga los músculos abdominales mientras estira sólo del ano. No estire del perineo ni de los órganos sexuales.
5. Relaje el ano mientras inhala de nuevo.
6. Practique al menos cinco minutos todos los días, alternando entre estirar del perineo en una exhalación y del ano en la siguiente.

Respiración Ming Men

Aprenderá a dirigir la energía al punto Ming Men (puerta de la vida), situado en la columna vertebral, enfrentado al ombligo. Es fácil de localizar situando el dedo índice derecho en el ombligo y el pulgar izquierdo en la columna vertebral a la altura del ombligo. Si dobla la cintura hacia adelante, la vértebra se abre en ese lugar conforme se inclina.

Realice una inspiración abdominal y expanda el bajo abdomen. Antes de exhalar estire del ombligo hacia adentro, hacia el Ming Men, y simultáneamente estirará del ano dirigiéndolo mentalmente y empujándolo hacia arriba y hacia atrás, también en dirección al Ming Men. Esto es difícil de describir con palabras. Algunos de ustedes sentirán como si el ano estuviese siendo empujado hacia arriba desde abajo, mientras que otros tendrán la sensación de que está siendo empujado hacia arriba desde el Ming Men. Para realizar este ejercicio se utiliza la mente Yi a fin de dirigir el flujo de Chi. La versión A es la siguiente:

1. Inspire lentamente, expandiendo el bajo abdomen y llenando las partes inferior, media y superior de los pulmones.
2. Retenga la respiración y estire del ombligo hacia la columna vertebral.
3. Simultáneamente estire del ano, poniendo especial atención sobre la parte trasera del lado del coxis (hueso de la rabadilla), y diríjalo hacia arriba y hacia atrás, donde se encuentra el punto Ming Men (en la columna vertebral, enfrentado al ombligo).
4. Exhale lentamente y contraiga el abdomen mientras continúa estirando del ano y dirigiéndolo hacia el Ming Men.
5. Cuando haya sacado todo el aire, afloje el ano.
6. Comience otra respiración. Realice al menos nueve ejercicios por sesión. (Se recomiendan dieciocho o más.)

Este ejercicio puede ser difícil al principio para algunos. Si es así para usted, intente la versión B, estirando de toda la zona del perineo

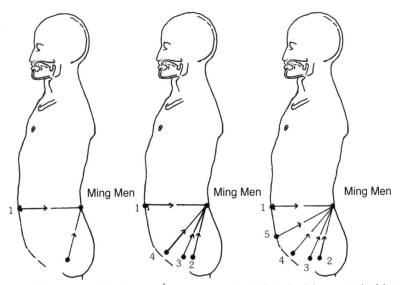

1. Ombligo 2. Ano 3. Perineo 4. Órganos sexuales 5. Palacio del esperma/ovárico

(órganos sexuales, perineo y ano) hacia el Ming Men. Esta variante es muy poderosa, así es que no se exceda. La versión C es todavía más poderosa: se estira del palacio del esperma /palacio ovárico, situado por encima de los órganos sexuales, sobre el canal funcional. Cuando estire hacia adentro de estas partes del cuerpo y las dirija, todas y cada una de ellas, hacia la puerta de la vida, sentirá la energía expandirse fuera de la columna vertebral e inundar la región de los riñones. No estire muy enérgicamente. Comience con mucha suavidad.

▶ Respiración Tan Tien

La respiración Tan Tien es esencialmente una respiración abdominal más poderosa. Es un ejercicio excelente para fortalecer el bajo abdomen.

1. Haga una respiración abdominal, expandiendo el bajo abdomen. No llene la parte media y superior de los pulmones de aire.

2. Retenga el aire durante un segundo y empuje los músculos abdominales hacia adelante de modo que visiblemente se expandan alrededor del ombligo y éste vaya hacia afuera.
3. Al mismo tiempo estire el perineo y la parte delantera del ano hacia arriba y hacia el ombligo.
4. Espire y sostenga el estiramiento.
5. Relaje el abdomen, luego inspire. Repita este ejercicio al menos nueve veces cada sesión.

Respiración inversa

La respiración inversa se considera la segunda más importante de las dos principales técnicas respiratorias de los taoístas. En ocasiones se la llama «respiración taoísta» por que era una técnica exclusivamente taoísta Chi Kung, mientras que la respiración abdominal, supuestamente, era una técnica budista Chi Kung adoptada por los taoístas. Con el tiempo éstos adoptaron un gran número de prácticas budistas y las hicieron propias.

En muchas de las fuentes chinas que he examinado los aspectos taoístas y los budistas están tan entretejidos que es imposible separarlos. A los taoístas no les importaba tanto de dónde provenía una técnica, como que ésta realmente fuera efectiva. y sigue siendo así hoy en día. En muchas ocasiones he visto a taoístas experimentados cambiar algún aspecto del entrenamiento o la práctica con la cual habían estado trabajando durante años si se les daba a conocer una técnica mejor o mejorada. La flexibilidad es la clave para entender la manera de pensar taoísta.

La respiración inversa es en realidad la respiración abdominal efectuada al revés. Es decir, al inspirar, se empuja el abdomen inferior hacia la columna vertebral, y al espirar, se relaja para que se expanda y recupere su tamaño normal. Hay una inclinación natural de apretar y elevar el diafragma cuando se empieza a practicar este tipo de respiración. Es importante mantener el pecho relajado y empujar hacia abajo el diafragma mientras realiza la respiración inversa. De lo contrario, la parte superior de su cuerpo se tensará y le aumentará el ritmo cardíaco. No es esto lo que quiere que suceda. Practique teniendo siempre en cuenta este detalle.

La respiración inversa aporta los mismos beneficios a su salud que la abdominal, además de masajear y fortalecer el bajo abdomen, aumentar su habilidad para dirigir el Chi a las extremidades y completar la órbita microcósmica. Asimismo, dominar esta técnica respiratoria resulta básico para realizar la respiración de compresión (una práctica sexual) y la respiración de proceso de embalaje que aprenderá más tarde.

Otro nombre con el que se denomina a la respiración inversa es «respiración prenatal». Aquí yace el secreto de esta técnica respiratoria. El único objetivo del Chi Kung es restaurar el Chi prenatal que circuló en su cuerpo antes de nacer, y buena parte de este proceso tiene que ver con el rejuvenecimiento del cuerpo. La respiración abdominal recrea la forma como respirábamos cuando éramos bebés, mientras que la respiración inversa trata de emular la manera que teníamos de respirar cuando aún estábamos en la matriz de nuestra madre. Es la forma de respirar de un feto. Va usted va a aprender ahora a respirar así, porque es un tipo de respiración poderosa y vigorizante.

1. Haga tres respiraciones abdominales. En la última espiración, estire del bajo abdomen y aplane el estómago.
2. Inspire lentamente y empuje el bajo abdomen hacia la columna vertebral. Al hacerlo, sentirá una presión sobre el perineo.
3. Estire del perineo y los órganos sexuales hacia arriba y simultáneamente empuje hacia abajo y baje el diafragma.
4. Espire y afloje los órganos sexuales y el diafragma. Imagine que el aire sale de su cuerpo por las paredes del bajo abdomen que se está expandiendo por completo.
5. Haga por lo menos seis respiraciones inversas en cada sesión.

Bajar el diafragma es la parte más difícil de la respiración inversa. Trate de sonreír al diafragma para ayudarlo a que se relaje. Con la práctica conseguirá subir y bajar el diafragma a voluntad, usando la mente Yi para controlarlo. La respiración inversa no sustituye a la abdominal; la complementa. Utilizará las dos técnicas conforme continúa avanzando en los cien días de práctica.

Respiración de las plantas de los pies

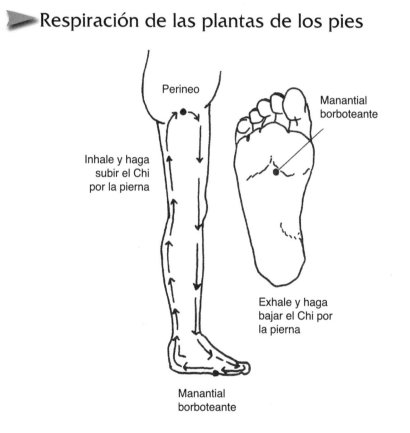

Perineo

Manantial borboteante

Inhale y haga subir el Chi por la pierna

Exhale y haga bajar el Chi por la pierna

Manantial borboteante

Los taoístas daban mucha importancia a la técnica de «respirar» por los talones. Esto no significa que vayamos a aprender a respirar con nuestros pies. Más bien se refiere a la aptitud de extraer energía de la tierra o Yin Chi de ésta y elevarla hacia arriba por las piernas. Aprenderá a absorber Yin Chi por los pies y a dirigirlo al perineo para luego devolverlo a la tierra. Y lo hará coordinando la respiración inversa.

El Chi se extrae de la tierra utilizando un punto que hay en la planta del pie y que se conoce como el «manantial borboteante» (Yong Quan). Está localizado justo detrás de la bola del pie, en el centro de la planta. Si hace presión sobre él, notará que es muy sensible. Aprenderá a masajearlo en el apartado de automasaje de rejuvenecimiento de esta semana.

Extraer Chi de la tierra le ayudará a arraigarse y a sentirse más centrado. Como ocurre con muchos de los ejercicios de este libro, al principio quizá tenga que emplear su imaginación para «sentir»cómo sube o baja el Chi por las piernas. Pero muchos de ustedes están lo suficientemente avanzados en la práctica como para efectivamente experimentar el flujo de Chi. Una vez que aprenda a extraer la energía de la tierra, obtendrá un impulso tremendo en su práctica. La tierra misma le dará la energía que necesita para fortalecerse.

1. Comience con la respiración inversa como aprendió a hacer la semana pasada.

2. Inhale, contraiga el bajo abdomen y estire hacia arriba del perineo y de los órganos sexuales.

3. Al mismo tiempo sienta o imagine el Chi entrando en su pie a través del punto del manantial borboteante, fluyendo hacia sus talones y luego continuando hacia arriba —por las pantorrillas, las rodillas y los muslos— por la parte posterior de las piernas. El Chi se está elevando por esa zona hacia el perineo.

4. Exhale, expanda el bajo abdomen y empuje hacia abajo el perineo.

5. A continuación, desde el perineo, haga descender el Chi por la parte anterior de las piernas, pasando por los muslos, las rodillas, los tobillos, el empeine de los pies y los. dedos hasta alcanzar el manantial borboteante, en las plantas, detrás de las bolas de los pies.

6. Repita este ejercicio al menos seis veces cada sesión.

Este ejercicio resulta más eficaz si puede enfocar su mente al interior de la tierra antes de absorber el Yin Chi por el manantial borboteante. Cuanto más alta sea su concentración, más poderoso será el Chi que haga subir por sus piernas. Éste es uno de los grandes secretos de los expertos en artes marciales taoístas, quienes están tan arraigados a la tierra, gracias a su capacidad de penetrar dentro de ella, que nadie puede derribarlos. En más de una ocasión vi cómo Mantak Chia, que no pesaba más de sesenta y seis kilos, era empujado por veinte personas, sin que ninguna de ellas lograra moverlo de su sitio ni siquiera un poco. Yo lo logré en una ocasión, pero estábamos dentro de una alberca con un metro y medio de agua.

Puede que a algunos de ustedes les resulte más fácil hacer subir y bajar el Yin Chi por la mitad de la pierna que elevarlo por detrás y hacerlo descender por delante. Debe poder hacer este ejercicio de cualquier manera, así es que inténtelo de ambos modos.

Puede practicarlo mientras está de pie, caminando, o sentado.

▶ Respiración Chi Chung

El Chi Chung activado actúa como una minibomba que consigue enviar Chi más lejos, hacia la parte superior de la columna.

La respiración Chi Chung le ayudará a hacer desaparecer los posibles bloqueos existentes en su columna y a incrementar su habilidad para elevar Chi por ella. También ayuda a abrir el punto del plexo solar en el canal funcional. Este ejercicio es una variación de la respiración inversa.

1. Haga unas cuantas respiraciones abdominales. En la exhalación final, contraiga el bajo abdomen.
2. Realice una inhalación inversa y contraiga aún más el bajo abdomen.

3. Al mismo tiempo empuje el ano hacia el plexo solar (la boca del estómago), que se encuentra en el canal funcional.

4. Mantenga esta posición por un segundo y luego empuje el plexo solar hacia su espalda y estire del ano hacia arriba, en dirección al Chi Chung, que está situado en la columna vertebral.

5. Sostenga la tirantez por uno o dos segundos, o más si puede.

6. Relaje el ano, exhale y expanda el bajo abdomen.

7. Repita al menos tres veces por sesión este ejercicio. Si puede, hágalo más veces.

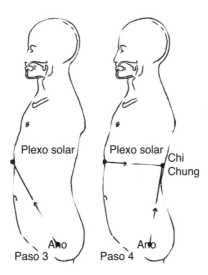

Al hacer respiración Chi Chung puede que sienta como una repentina subida de energía que recorre su columna y fluye por su cuello y cabeza. Si le sucede esto, use su mente para bajar el Chi por la columna hasta el Ming Men y desde allí viértalo en el Tan Tien (mar de Chi) al tiempo que exhala.

Respiración del canal gobernador

Durante varias sesiones ha estado haciendo ejercicios para, respirando, hacer ascender el Chi y el Jing Chi a varios puntos del canal gobernador

(Du Mai). Ésta es la ruta principal de la órbita microcósmica. Es el canal Yang. Ha aprendido a abrir el canal gobernador desde el perineo (Hui Yin) hasta el punto de la corona (Pai Hui). Pero todavía quedan otros dos puntos que se necesitan abrir y ejercitar, para concluir las prácticas con el canal gobernador y pasar a trabajar el funcional, a fin de completar la órbita microcósmica. Afortunadamente, ya está familiarizado desde hace algún tiempo con esos dos puntos. Se trata del tercer ojo (Yin Tang), situado entre las cejas, y el Yen Chong, que se encuentra por debajo del centro de la nariz, justo encima del labio superior.

Esta técnica es similar a las que realiza cuando hace la respiración inversa y con las cuales ha estado trabajando desde la novena semana, pero es algo más compleja. En lugar de efectuar una inhalación inversa continua, debe tomar siete pequeñas bocanadas inversas de aire. Con cada bocanada de aire tiene que contraer el bajo abdomen y empujar el ano hacia un punto del canal gobernador: el coxis, el Ming Men, el Chi Chung, la almohada de jade, el punto de la corona, el tercer ojo y, finalmente, el Yen Chong, que se encuentra en la encía superior, encima de los dos dientes incisivos. Luego debe relajarse e invertir la dirección. Mentalmente, tiene que hacer descender la energía de nuevo por el canal gobernador hasta el Ming Men y exhalar conforme la vierte dentro del Tan Tien.

Éste es un ejercicio de respiración muy vigorizante. Es un paso más allá de todo lo que ha aprendido hasta ahora. Esté pendiente de cualquier tensión o estrechez mientras lo hace. ¡Asegúrese de no excederse! Ésta es una técnica muy efectiva para abrir el canal gobernador. Como puede ver, muchas de estas prácticas se sobreponen y funcionan de forma conjunta. Hasta ahora ha estado practicando al menos tres métodos para abrir el canal gobernador y la órbita microcósmica:

1. Esta semana usando la respiración.
2. Utilizando el Jing Chi en la respiración testicular/ovárica.
3. Empleando la mente en los ejercicios de la órbita microcósmica.

He mantenido el sistema de trabajar siempre al mismo tiempo la regulación de la energía, el cuerpo y la mente (Chi, Jing y Shen), incluso sin haberles ido advirtiendo de que era así como estaba avanzando.

1. Levante la punta de la lengua hasta la bóveda de la boca, justo detrás de los dientes incisivos. Haga algunas respiraciones abdominales para comenzar, luego exhale y contraiga el bajo abdomen.

2. Inhale una bocanada de aire, contraiga el bajo abdomen y empuje el ano hacia el coxis. Dirija Chi mentalmente al hiato sacral y al sacro.

3. Tome una segunda bocana da de aire, contraiga el bajo abdomen y empuje el ano hacia el Ming Men, situado en la columna en el punto opuesto al ombligo. Dirija mentalmente Chi hacia él.

4. Inspire una tercera bocanada de aire, contraiga el bajo abdomen y empuje el ano hacia el punto Chi Chung (T-11), que se encuentra en la mitad de su espalda. Dirija Chi mentalmente hacia él.

5. Tome una cuarta bocanada de aire, contraiga el bajo abdomen y empuje el ano hacia la almohada de jade, que se halla en la base del cráneo. Envíe Chi mentalmente hacia ese punto.

6. Inhale una quinta bocanada de aire, contraiga el bajo abdomen y empuje el ano hacia el punto de la corona, localizado en la cima del cráneo. Dirija Chi mentalmente a ese punto.

7. Inspire una sexta bocanada de aire, contraiga el bajo abdomen y empuje el ano hacia el tercer ojo, situado entre las dos cejas. Envíe Chi mentalmente a este punto.

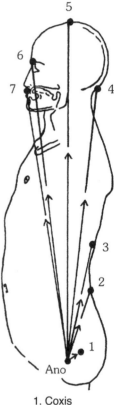

1. Coxis
2. Chi Chung
4. Almohada de jade
5. Punto de la corona
6. Tercer ojo
7. Yen Chong

8. Tome una séptima bocanada de aire, contraiga el bajo abdomen y empuje el ano hacia el punto del Yen Chong, que se encuentra en la encía superior, justo debajo del punto medio de sus fosas nasales. Dirija Chi mentalmente a este punto.

9. Haga una pausa, relájese un momento y, mentalmente, haga descender el Chi de nuevo desde su cabeza hasta el Ming Men, pasando por la columna vertebral. Cuando llegue al Ming Men, comience a exhalar y a verter el Chi dentro del Tan Tien. Sienta expandirse el mar de Chi.

10. Al principio repita esta secuencia tres veces y luego vaya aumentando hasta llegar a nueve o más.

Si siente que se sofoca mientras sube el Chi por el canal gobernador, tome bocanadas de aire más pequeñas o intente subir más rápido. Si al principio no siente todos los puntos mientras respira hacia ellos, simplemente imagínese que sí. (Es normal que en efecto no pueda enviar aire hacia los dos nuevos puntos —el tercer ojo y el Yen Chong— con los que estamos trabajando esta semana, pero con un poco de práctica conseguirá vencer todas las dificultades.)

Respiración del canal funcional

Ya está familiarizado con todos los puntos del canal funcional. El canal funcional va por la parte anterior del cuerpo desde el perineo hasta la punta de la lengua. En este ejercicio respirará a seis puntos del canal funcional: palacio del esperma/palacio ovárico, ombligo, plexo solar, centro del corazón —que está en medio del esternón (glándula del timo)—, centro de la garganta y punta de la lengua. Usará la respiración abdominal, no la inversa, como ha hecho en los ejercicios de regulación de la respiración durante las últimas semanas.

1. Levante la punta de la lengua hacia la bóveda de la boca, justo detrás de los dientes (punto del viento). Haga una inhalación abdo-

minal, pero no expanda del todo el bajo abdomen. Deje espacio para tomar seis pequeñas bocanadas de aire mientras asciende por el canal funcional.

2. Inhale una bocanada de aire, expanda ligeramente el bajo abdomen y empuje el ano hacia el palacio del esperma/palacio ovárico. Dirija Chi mentalmente a este punto.

3. Tome una segunda bocanada de aire, expanda ligeramente el bajo abdomen y empuje el ano hacia el ombligo. Envíe Chi mentalmente a este punto.

4. Inspire una tercera bocanada de aire, expanda ligeramente el bajo abdomen y estire del ano hacia el plexo solar. Debe enviar Chi mentalmente a este punto.

5. Inhale una cuarta bocanada de aire, expanda ligeramente el bajo abdomen y empuje el ano hacia el punto del corazón, situado en la mitad del esternón (hueso pectoral). Ésta también es la localización de la glándula del timo. Tiene que dirigir Chi mentalmente a este punto.

6. Tras tomar una quinta bocanada de aire, expanda ligeramente el bajo abdomen y estire del ano hacia el punto de la garganta, que se encuentra en su base. Dirija Chi mentalmente hacia él.

7. Tome una sexta bocanada de aire, expanda ligeramente el bajo abdomen y estire del ano hacia la punta de la lengua levantada. Empuje ésta contra el punto del viento, situado en el paladar superior.

8. Realice una breve pausa, luego relájese y haga descender el Chi mentalmente por el canal funcional hasta llegar al ombligo. Cuando alcance este punto, comience a exhalar y a vaciar el Chi dentro del Tan Tien.

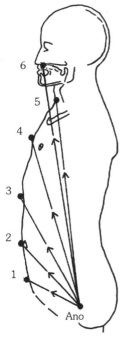

1. Palacio del esperma/palacio ovárico
2. Punto del ombligo
3. Plexo solar
4. Punto del corazón
5. Punto de la garganta
6. Punto de la lengua

9. Repita esta secuencia al menos tres veces al principio y vaya aumentando el número de repeticiones hasta llegar a nueve o más.

Respiración del proceso envolvente de la camisa de hierro

Ha aprendido varias técnicas respiratorias en este libro. Ahora practicará la «respiración del proceso envolvente de la camisa de hierro».

Con esta técnica respiratoria se consigue aumentar la presión del aire dentro del cuerpo. Es una variación de la respiración inversa. Puede tomar bocanadas de aire mientras continúa contrayendo el abdomen y usando el poder perineal; de esta forma fuerza más aire dentro de un espacio cada vez menor.

Ello incrementa la presión del Chi dentro de su cuerpo y el resultado es que la energía queda comprimida dentro de la aponeurosis, la membrana que rodea nuestros órganos. Esto aumenta nuestra fuerza y protege nuestros órganos con una «camisa de hierro». Esta técnica Chi Kung era una de las más importantes para los expertos en artes marciales, pues con ella conseguían proteger su cuerpo y sus órganos dentro de un traje revestido de hierro ligero hecho de Chi.

Este ejercicio también se realiza en el proceso de arraigamiento. Cuanto más arraigado se halle a la madre tierra, más equilibrada estará su energía, lo que a su vez aumentará su propia energía curativa.

En la posición que utilizará los brazos tienen que estar estirados hacia adelante a la altura de los hombros, como si estuviese abrazando un árbol muy ancho. El maestro Tseng me dijo en una ocasión que en China actualmente hay más de trescientas formas diferentes de Chi Kung, de las cuales más del noventa por ciento usan esta técnica. Yo la aprendí del maestro Mantak Chia como parte del Chi Kung de camisa de hierro.

Usted va a aprender una versión simplificada de la primera posición, conocida como «abrazar el árbol».

Con este ejercicio voy a introducirle en una nueva dimensión del poder perineal. Por primera vez va a estirar del lado derecho e izquierdo del ano, lo que le permitirá hacer subir energía a ambos lados del cuerpo. Podrá enviar energía a ambos riñones (izquierdo y derecho).

1. Póngase de pie con las piernas separadas a la altura de los hombros. Afiáncese bien en el suelo con los dedos de los pies. Active las bombas del sacro y del cráneo y encorve los hombros mientras levanta los brazos hacia adelante y abraza el árbol.

2. Coloque una palma enfrente de la otra, con los pulgares apuntando hacia arriba y empujándolos ligeramente hacia adelante (alejándolos del cuerpo), mientras empuja los meñiques hacia su cuerpo. Esto aumenta la tensión en los tendones de las manos y de los antebrazos. Las manos deben estar a la altura de la cara.

3. Comience con unas cuantas respiraciones abdominales.

4. Exhale y contraiga el bajo abdomen.

5. Inhale una pequeña bocanada de aire (por ejemplo, el diez por ciento de su capacidad normal). Mantenga plano el bajo abdomen.

6. Tome una segunda bocanada de aire. Empuje el diafragma hacia abajo, usando el poder del perineo, y estire hacia arriba de los órganos sexuales y el ano. Empuje el bajo abdomen hacia adentro. Esto comprime los órganos abdominales en tres direcciones: desde arriba, desde abajo y desde la parte anterior. Mantenga relajado el pecho.

7. Inhale otra bocanada pequeña de aire (del diez por ciento de su capacidad). Contraiga el lado izquierdo del ano. Haga subir Chi por el lado izquierdo de su cuerpo hasta el riñón izquierdo. Envuelva con Chi este órgano y también la glándula suprarrenal, que está situada sobre él, y comprima el Chi en ese riñón mientras empuja hacia adentro el lado izquierdo del estómago.

8. Inspire otra bocanada pequeña de aire (del diez por ciento de su capacidad). Contraiga el lado derecho del ano. Haga subir Chi por el lado derecho de su cuerpo hasta el riñón derecho. Envuelva con Chi este órgano y también la glándula suprarrenal, que está situada sobre él, y comprima el Chi en ese riñón mientras empuja hacia adentro el lado derecho del estómago.

9. Envuelva los dos riñones con la energía. Empuje hacia adentro ambos lados del estómago. Mantenga esta posición todo el tiempo que pueda, unos segundos al menos.

10. Cuando se le acabe el aliento, inhale otra bocanada pequeña de aire (del diez por ciento de su capacidad) y contraiga aún más el perineo y el ano. Sienta cómo se expande la presión al área del palacio del esperma /palacio ovárico.

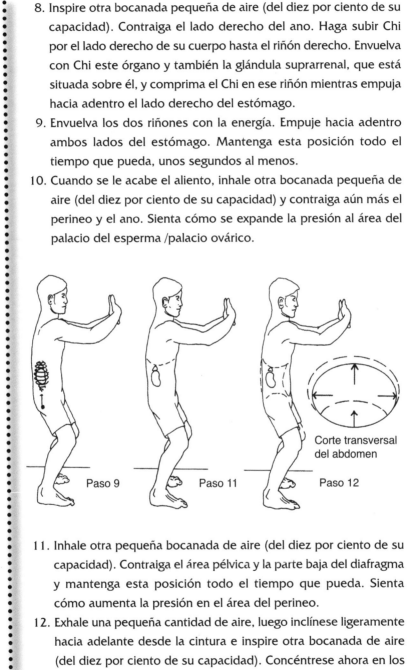

Paso 9   Paso 11   Paso 12

Corte transversal
del abdomen

11. Inhale otra pequeña bocanada de aire (del diez por ciento de su capacidad). Contraiga el área pélvica y la parte baja del diafragma y mantenga esta posición todo el tiempo que pueda. Sienta cómo aumenta la presión en el área del perineo.

12. Exhale una pequeña cantidad de aire, luego inclínese ligeramente hacia adelante desde la cintura e inspire otra bocanada de aire (del diez por ciento de su capacidad). Concéntrese ahora en los

riñones y empuje hacia afuera el área donde se encuentran. Siéntalos expandirse hacia ambos lados y hacia atrás.

13. Inhale la última bocanada de aire del diez por ciento de su capacidad y envíela al área de los riñones, en su espalda. Aguántela todo el tiempo que pueda.

14. Exhale y descanse, manteniéndose erguido. Haga respiración de fuelle para normalizar su ritmo respiratorio.

15. Al principio no haga esta secuencia más de tres veces al día.

16. Opcional: Para finalizar el ejercicio puede enviar la energía que ha creado a la órbita microcósmica alzando la punta de la lengua hacia la bóveda de la boca. Complete unas cuantas órbitas y luego recoja la energía en su ombligo.

Respiración Tao In

Los taoístas creían que el setenta por ciento de las toxinas del cuerpo se eliminaban al exhalar, y como, a veces, a ciertas partes del cuerpo les resulta difícil recibir suficiente oxígeno, sangre y Chi que les ayudan a eliminar las toxinas de las células, desarrollaron técnicas para respirar directamente a las diferentes partes del cuerpo. Ésta es otra antigua práctica oral secreta que ayuda a relajar y curar el cuerpo eliminando toxinas.

La respiración Tao In se basa en la aptitud del individuo para concentrarse en partes específicas del cuerpo. En esta fase final esto no debe representar para usted dificultad alguna. Ha aprendido a guiar Chi con su mente Yi, con la mirada y los oídos internos, con la respiración y a través del movimiento. Como recordará, en la quinta semana también aprendió a dirigir Chi con las manos. Las cavidades del tigre y el dragón, situadas en medio de las palmas, son los puntos más fuertes para mover o guiar Chi. Cuando las manos se colocan una encima de la otra si es hombre, con la cavidad del dragón de la palma derecha sobre el dorso de la mano izquierda, directamente en línea con la cavidad del tigre de esta mano; y si es mujer, con la cavidad del tigre sobre la del dragón, situada en la mano derecha, se refuerzan mutuamente y actúan como lentes para dirigir el flujo del Chi. Hará uso de esta técnica para realizar la respiración Tao In.

Cuando se hace este tipo de respiración, es importante estar relajado. Una vez que su cuerpo está completamente relajado, debe dirigir Chi a diferentes partes del cuerpo y poner las palmas, con las cavidades del dragón y del tigre alineadas, sobre el área en cuestión. Si está lo suficientemente relajado y disfruta de quietud interior, sentirá como si estuviera respirando directamente a la parte del cuerpo a la cual está dirigiendo energía. También tendrá la sensación de estar inhalando y exhalando por la piel. Note cómo la nueva energía sonriente, amorosa y curativa entra en su cuerpo, lo traspasa.

Una vez domine el ejercicio básico, le daré algunos detalles más acerca del aspecto curativo de la respiración Tao In.

1. Acuéstese sobre la espalda encima de una superficie firme.
2. Haga respiración abdominal, inspirando y espirando profunda y lentamente. Inhale y mentalmente dígase «estoy calmado»; exhale y mentalmente dígase «estoy relajado». Respire así durante unos minutos hasta sentirse completamente calmado y relajado.
3. Hombres: Ponga la mano izquierda sobre el ombligo y la derecha encima de la izquierda, con las cavidades del dragón y del tigre alineadas. Mujeres: Ponga la mano derecha sobre el ombligo y la izquierda encima de la derecha, con las cavidades del tigre y del dragón alineadas. Durante el resto de este ejercicio, aunque las mueva, mantenga las manos en esta posición.
4. Inhale y sienta o imagínese que el Chi y el aire están siendo extraídos de arriba (energía celestial) y están pasando por su ombligo. La energía que está traspasándole es Chi sonriente, amoroso y curativo.
5. Exhale y respire desde el ombligo. Note cómo al hacerlo su piel se expande y contrae como si fuese de goma. Respire por el ombligo durante un minuto o más.

6. Mueva las manos hacia abajo, hasta el palacio del esperma /palacio ovárico y respire a través de él.

7. Cúbrase los órganos sexuales con las manos y respire por ellos.

8. Mueva las manos hacia el área del diafragma/plexo solar y respire a través de ella.

9. A continuación cúbrase la parte baja del pecho y respire a través de la piel.

10. Muévase hacia la zona superior del pecho y respire a través de la piel.

11. Ponga las manos sobre la garganta e imagine o sienta que el Chi pasa directamente a través de sus palmas y llega hasta la nuca.

12. Coloque las manos sobre el tercer ojo e imagínese o sienta pasar el Chi por su cabeza hasta la almohada de jade, situada en la base del cráneo.

13. La posición final es el punto de la corona. Cúbralo con las manos y respire a través de él.

Haga el ejercicio lentamente y comenzará a sentir como si en efecto pudiera respirar a través de su piel. Le ayudará el usar el oído interno y dirigirlo al punto en cuestión para escucharse respirar a sí mismo. Cuanto más tranquila sea su respiración, más efectivo resulta este ejercicio. La respiración totalmente silenciosa es la más beneficiosa. La respiración Tao In puede usarse para dirigir Chi a cualquier parte del cuerpo. Sólo tiene que cubrir el punto sobre el cual desea influir o curar con las palmas alineadas y respirar a través de él. Existen zonas que sólo podrá cubrir con una mano (por ejemplo, las axilas); en estos casos, debe colocar la mano sobre el punto en cuestión, pero también debe tratar de enviarle Chi desde su otra mano, aunque no esté en contacto directo.

Puede que tarde algún tiempo y necesite practicar bastante para poder sentir el Chi pasando a través de su piel. Recuerde que cuanto más tranquila sea su respiración, más fácil le resultará la práctica. Cuando aquélla llegue a ser completamente silenciosa, le será muy sencillo realizar este ejercicio.

La meditación taoísta

Primera parte

1. Encuentre un lugar donde nadie le distraiga.
2. Siéntese en una silla con la espalda recta, la cabeza erguida y los pies bien apoyados en el suelo. Junte las manos y colóquelas sobre el regazo (la mano izquierda estará abajo, con la palma hacia arriba, y la derecha encima, con la palma hacia abajo). Si ya sabe sentarse en la posición de loto o medio loto, hágalo si así lo desea. Si no la conoce, no trate de aprenderla ahora; antes debe aprender y practicar otras indicaciones.
3. Mantenga los ojos abiertos y concéntrese en cualquier punto o lugar a la altura de los ojos. Dicho punto puede estar cerca o lejos —aunque la distancia recomendada es entre uno y dos metros de distancia—, pero lo más importante es que esté a la altura de los ojos.
4. Continúe concentrándose en este punto durante tres minutos.
5. Los tres primeros días respire normalmente. Los siguientes cuatro días practique la respiración profunda, pero bajo ninguna circunstancia debe esforzarse al respirar. Si le supone mucho esfuerzo la respiración profunda abandónela.
6. Trate de no pensar en nada, limítese a mirar fijamente el punto que se halla a la altura de sus ojos. Por unos minutos olvídese de su trabajo, de los problemas que le preocupan y de los asuntos cotidianos.

7. Dirija su mirada hacia la punta de la nariz. Para ello cierre los párpados a la mitad, como si tratara de hacerse el bizco, al estilo de Clint Eastwood. Mire hacia la punta derecha de la nariz con el ojo derecho y hacia la punta izquierda con el ojo izquierdo durante al menos dos minutos.

8. Mientras mira la punta de la nariz tenga cuidado de cualquier tirón muscular a la derecha o a la izquierda. Se trata de algo que sucede con frecuencia porque los músculos de un ojo suelen ser más fuertes que los del otro. Trate de mantener la concentración en la punta de la nariz, que en realidad es un punto que no puede ver.

9. Continúe mirando fijamente la punta de la nariz mientras escucha su respiración. Trate de respirar lo más silenciosamente posible. Lo ideal es que no pueda escuchar su respiración. (No obstante, tenga en cuenta que conseguirlo puede llevarle semanas de práctica. No se preocupe si sigue oyendo su respiración a pesar de sus esfuerzos por calmarla.) Mantenga su atención en la respiración durante al menos tres minutos.

10. Si se da cuenta de que se está distrayendo, cuente hasta cuatro al inhalar y al espirar. Inhale-2-3-4. Exhale-2-3-4. Mantenga su punto de concentración en la punta de la nariz mientras cuenta mentalmente.

11. Cierre los ojos, frótese las manos hasta que las palmas se calienten y cúbrase los ojos, de forma que absorban el calor de sus manos. Después de unos treinta segundos, frótese de nuevo las manos y luego masajéese la cara para finalizar el ejercicio.

Antaño, regular la mente se relacionaba con regular el corazón. El cerebro era llamado el corazón celestial. Hemos comenzado el proceso de regular el corazón celestial. Esto es meditación taoísta auténtica. Concentrarse en la punta de la nariz es una técnica que se encuentra en la descripción de los primeros pasos de casi todos los textos taoístas. Proporciona un valioso punto de referencia para meditadores principiantes. Uno de los problemas de comenzar a meditar es determinar qué ver o en qué pensar. El proceso aquí es sencillo: mire la punta de su nariz, escuche su respiración y no piense en nada. Ello hará que sea más sencillo este inicio a la meditación. Si es usted un meditador avanzado, es posible que nunca haya practicado esta técnica. Por favor, inténtelo ahora. Durante las próximas dos semanas irá dándose cuenta de la importancia que tiene conseguir concentrarse en la punta de la nariz. Al principio quizá sienta alguna molestia en la vista. No se preocupe. Éste es un método excelente para restablecer el equilibrio en los músculos de la cara y de los ojos. En poco tiempo se sentirá muy cómodo, y será capaz de entrar en un estado meditativo al poco de empezar a concentrarse en la punta de la nariz.

Parece una práctica poco seria permanecer mirándose la nariz, incluso en algún texto se dice que cuando se hace bien la persona parece «estúpida». Por ello debe hacer este ejercicio en un lugar donde no pueda ser distraído. Es parte crucial del proceso de regular la mente. No evite hacer este ejercicio porque se ve o siente estúpido. Muchas de las explicaciones de este libro son extrañas a la mayoría y a veces se hallan muy alejadas de aquello que se nos ha enseñado que es culturalmente correcto. Ésta es una de las razones por las que está leyendo este libro, ¿no es así?

► Segunda parte

Desde luego, me resulta fácil decirle que no piense en nada, pero es algo muy difícil de lograr. Los pensamientos zumban por la mente. Parecen venir de la nada. Si conscientemente tratamos de detenerlos, pronto nos damos cuenta de que están más allá de nuestro control consciente. Desde hace mucho tiempo los taoístas han entendido que no puede controlarse la conciencia usando la conciencia. En otras palabras, no puede usar pensamientos y el proceso del pensamiento para detener los pensamientos y el proceso de pensamiento. El enfoque correcto es indirecto.

Continuaremos el proceso iniciado que se denomina «sentarse y aquietar la mente», y para ello usaremos el método de flujo inverso.

Desde la punta de la nariz, deberá conducir su foco de atención hacia arriba, hacia el «pequeño bulto», situado a unos dos centímetros del puente de la nariz. Después de estar un minuto ahí, llevará el foco de atención hasta el punto situado entre los ojos —el Yin Tang que aprendió a masajear en la primera semana— y se concentrará en él. Este es el principio de la verdadera meditación. Con la práctica, el proceso de pensar comenzará a hacerse más lento y le será posible observar el discurrir de sus pensamientos y, así, hallar el rastro que le lleve a donde surgieron en su mente. Conocerá el lugar donde comienzan los pensamientos y el lugar donde se desvanecen y desaparecen. Esto es lo mejor que podemos hacer. Cuando aprendemos a seguirles el rastro a los pensamientos hasta su punto de origen, éstos tienden a aquietarse y finalmente a desaparecer de su propia volición. Pero esto no sucederá sin más; necesita practicarlo.

1. Para comenzar, siéntese en una silla y coloque las manos sobre su regazo, la izquierda con la palma hacia arriba cubierta por la palma derecha, que mira hacia abajo.

2. Con los ojos abiertos, concéntrese en un punto a la altura de los ojos durante uno o dos minutos.

3. Atraiga los ojos hacia adentro y concéntrese en la punta de la nariz con los párpados semicerrados. Mantenga esta postura durante dos o tres minutos mientras escucha su respiración abdominal, que será lo más silenciosa que le sea posible. (Si la respiración abdominal le distrae demasiado al principio, limítese a respirar en silencio.)

4. Desplace su punto de concentración de la punta de la nariz a un lugar dos terceras partes más arriba, donde muchos de nosotros tenemos un bulto pequeño (o no tan pequeño), a unos dos centímetros del puente (tope) de la nariz. Mantenga los párpados semicerrados. Siga concentrado en este punto durante uno o dos minutos mientras continúa escuchando su respiración, que debe ser lo más silenciosa posible.

5. Desplace su concentración al punto situado entre los ojos, el Yin

Tang. Bizquee un poco, pero no permita que se le cierren los ojos. Imagine que está enfocando sus pensamientos sobre este punto, también conocido como el tercer ojo; imagine que realmente lo estuviese viendo. Si pudiese verse, parecería como si estuviese cruzando sus ojos.

6. Continúe respirando en silencio.

7. Escuche cualquier pensamiento que cruce por su mente. Si hay varios pensamientos, escoja sólo uno de ellos y préstele atención. Trate de encontrar en qué lugar de su mente se originó. Puede ser que descubra que apareció de forma espontánea en algún punto en particular de su mente o detrás de sus ojos o de la parte de atrás de su cabeza. Advertirá que ciertos pensamientos siempre parecen originarse en la misma parte de su mente. Siga el rastro de su pensamiento durante tres minutos o más. Si nota que se distrae o se pierde en sus pensamientos, concéntrese de nuevo en la punta de la nariz, desplace luego el punto de concentración al «pequeño bulto», situado a unos dos centímetros por debajo del puente, y luego, después de algunos segundos, al punto del tercer ojo.

8. Puede realizar cuatro respiraciones y mantener o restaurar la concentración en cualquier momento durante el ejercicio.

9. Cierre los ojos, frótese las manos hasta que estén calientes y cúbrase los ojos, para que éstos absorban el calor directamente de sus palmas. Después de treinta segundos, frótese de nuevo las manos y entonces, masajéese la cara, la nariz y las orejas para terminar el ejercicio.

Hay mucho material nuevo aquí. Quizá prefiera trabajar durante algunos días en el «pequeño bulto», situado dos tercios más arriba de la punta de la nariz, antes de desplazar el punto de concentración al tercer ojo. Es importante que trabaje a su propio ritmo. Si necesita más tiempo en alguna serie de ejercicios, tómeselo. Ir despacio está bien. Si necesita quince, dieciséis o veintiséis semanas para completar esta práctica, también está bien. Sólo que no debe hacerlo tan despacio que al final termine por no realizar el ejercicio.

El Kung Fu sexual

El poder del perineo

Este ejercicio nos introduce en uno de los conceptos más importantes de la práctica del Chi Kung: el poder del perineo.

El perineo es parte del músculo pubocoxígeo o PC que corre desde arriba de los órganos sexuales hasta el coxis y está localizado entre la parte posterior de los órganos sexuales y el frente del ano. Es la zona más baja del torso del cuerpo y se le conoce como Hui-yin, que con frecuencia en entrenamiento de Chi Kung no sólo se refiere al perineo, sino también al ano, órganos sexuales y músculos circundantes. Hui-yin significa «punto de recolección de la energía Yin» y también es llamado puerta de la vida y la muerte. Está dividido en varias partes que exploraremos a medida que vayamos avanzando en nuestros cien días de práctica.

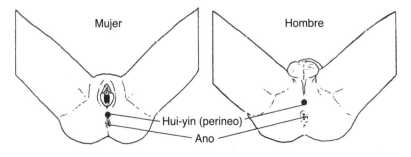

Por ahora es importante que tenga claro cuáles son las tres partes diferentes del Huiyin. El perineo, al fondo de todos los órganos internos del cuerpo, tiene que soportar el peso y presión combinados de estos órganos y mantenerlos en su lugar. Cuando el perineo es débil, los órganos internos se hunden por su propio peso y pierden energía.

El perineo descansa entre las dos puertas de energía principales del cuerpo. La primera es la puerta anterior u órganos sexuales, por la que fácilmente se puede perder energía Jing a causa de la eyaculación o de la menstruación. También puede perderse energía Chi si los músculos de los órganos sexuales están débiles y fallan al sellar la abertura del pene o de la vagina.

La segunda puerta es el ano. Podemos perder energía por él si no está sellado o cerrado. Cuando está sellado, es como amarrar un nudo en un globo para impedir que se escape el aire. También se utiliza para dirigir energía Chi a varios puntos del cuerpo.

En esta fase de su práctica es suficiente con que contraiga y tire hacia arriba del músculo PC, incluidos ano y órganos sexuales, al tiempo que tira de las órbitas de sus ojos. Debe sentir alguna conexión entre los ojos y el Hui-yin, como por ejemplo un tirón en los ojos cuando emplea fuerza proveniente del perineo. Más adelante desarrollaremos ampliamente este punto.

Llorar e incrementar la energía positiva

Muchos de los ejercicios de automasaje de rejuvenecimiento parecen tan básicos que podrían ser realizados por niños, y éste es uno de ellos. No obstante, es uno de los ejercicios más sorprendentes y efectivos que conozco. Con los años he aprendido muchas variaciones, algunas sencillas, otras más complejas, pero como he prometido huir de las complicaciones, me limitaré a describir el ejercicio básico y a dar algunas variaciones al final.

La premisa es sencilla: es necesario mantener la mirada fija en algún punto, conservando los ojos abiertos y sin parpadear. En poco tiempo comienzan a lagrimear, lo que en realidad es el resultado que se pretendía. Estas lágrimas no son del mismo tipo que viertes cuando lloras. Los taoístas creen que las toxinas se evaporan del cuerpo a través de los ojos, y estas lágrimas pueden ser saladas y despedir un olor desagradable porque son residuo de combustión interna. Derramar lágrimas ayuda a aumentar la energía positiva Yang de los ojos. Como se ha mencionado, la energía completa del cuerpo es Yin negativa y sólo los ojos son energía Yang positiva, que se usa para eliminar toxinas y molestias corporales. Si el ejercicio se hace con regularidad durante cierto tiempo, sus efectos curativos y rejuvenecedores son verdaderamente notables.

1. Coloque el dedo índice de su mano derecha frente a sus ojos, a unos veinte centímetros de distancia.

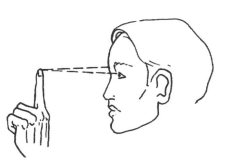

2. Inspire profundamente y abra cuanto pueda los ojos. A continuación concéntrese en la yema del dedo sin parpadear.

3. Contenga el aire unos instantes y luego exhale lentamente. Continúe realizando respiraciones abdominales profundas, conteniendo el aire en apnea antes de cada exhalación.

4. Pronto sentirá una sensación de ardor en los ojos. Dé lo mejor de sí para no caer en la tentación de cerrarlos, hasta que pueda sentir una lágrima juntándose o cayendo de ambos ojos.

5. Frótese las palmas hasta que estén calientes. Cierre los ojos y cúbralos con las manos. Permita que las órbitas de los ojos absorban el calor (Chi) de sus palmas.

6. Manteniendo los ojos cerrados, dibuje al menos tres círculos alrededor de las cuencas de los ojos en el sentido de las manecillas

del reloj (de la cúspide del ojo baje hacia el lado izquierdo y suba por el derecho) y repita el ejercicio igual número de veces en dirección opuesta. Ésta es una parte importante de la práctica y puede ser llevada a cabo de forma independiente, en cualquier momento, para ejercitar los ojos.

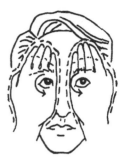

Algunas variantes:

a) Concentrarse en un punto de la pared que se halle a la altura de los ojos, a una distancia de unos dos metros.

b) Mirar fijamente la parte azul de la llama de una vela.

c) Ante un espejo, mirarse fijamente los ojos.

A medida que se vaya haciendo más diestro en el arte de mantener los ojos abiertos, vaya aumentando el tiempo que se queda mirando algo fijamente sin parpadear; puede llegar a estar quince minutos o más. Este ejercicio debe realizarlo diariamente durante esta semana. Después se recomienda que lo haga algunas veces por semana. Es un ejercicio maravilloso y sencillo, pero como puede resultar un poco incómodo sé que a menudo no se sentirá motivado a hacerlo. No obstante, recuerde que le resultará muy beneficioso y que por ello no debe ignorarlo.

▶Kung Fu sexual

La regulación del cuerpo corresponde al segundo tesoro taoísta (el Jing, que es nuestra esencia), y la forma más poderosa de la esencia es la energía sexual. En esta fase temprana del entrenamiento, estamos preocupados por construir nuestra fuerza y resistencia y aprender nuevas formas de estar en comunicación con nuestros cuerpos.

La esencia Jing se convierte dentro del cuerpo en energía Chi, y cuanto más Jing tengamos, con más esencia disponible contaremos para convertirse en energía. Por lo tanto, uno de los objetivos principales de los ejercicios para regular el cuerpo es aumentar las reservas de Jing.

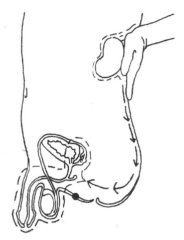

La forma más sencilla de aumentar la esencia es utilizando la estimulación. Los primeros pasos en el Kung Fu seminal y ovárico están diseñados para aumentar la producción de energía sexual. En los hombres esto significa masajearse los testículos, y en las mujeres, masajearse los senos para estimular los ovarios.

Kung Fu seminal para hombres. Primera parte

1. Frótese las palmas hasta que estén calientes. Después colóquelas en la espalda encima de los riñones y frote con ellas la zona de estos órganos para calentarlos durante quince o treinta segundos.

2. Respire profundamente y sienta o imagine sentir energía que parte de los riñones y desciende por la espalda hasta los órganos sexuales.

3. Frótese las manos de nuevo y masaje e suavemente cada testículo durante aproximadamente un minuto. Hágalo sujetando cada testículo entre la yema del pulgar, por un lado, y las yemas de los dedos índice, corazón y anular, por el otro. No ejerza ninguna fuerza o presión.

4. Sostenga ambos testículos con la mano izquierda. Pong a la palma derecha sobre el ombligo y dibuje círculos alrededor de él unas treinta y seis veces en el sentido de las agujas del reloj (de

arriba hacia abajo por el lado izquierdo y luego hacia arriba por
el lado derecho). Siga haciendo
círculos y masaje el bajo abdomen al mismo tiempo que sostiene los testículos con la mano
izquierda.

5. Ahora sostenga los testículos con
   la mano derecha mientras hace
   círculos a la altura del ombligo y
   masajea el bajo abdomen veinticuatro veces en el sentido
   opuesto a las agujas del reloj.

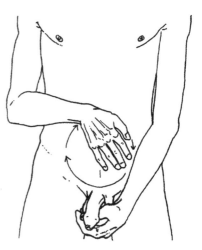

6. Coloque la palma izquierda encima del bajo abdomen, justo
   arriba del pene, y ponga la mano
   derecha encima de la izquierda.
   Las dos manos están cubriendo
   un centro importante de energía
   conocido como el palacio del esperma.

7. Tire de los músculos alrededor
   de sus ojos y utilice el poder del
   perineo. Sienta una ligera contracción y estimulación en el perineo; la punta del pene, el
   diafragma urogenital dentro del
   pene y el esfínter anal.

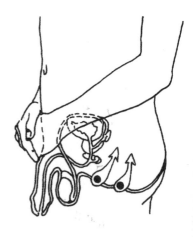

8. Relájese y sienta expandirse al
   Jing por el palacio del esperma,
   en la base del pene, donde el órgano se une al cuerpo y al área
   circundante.

9. Use su mente y dirija la mirada
   hacia abajo para guiar la esencia

del palacio del esperma mientras desciende por sus piernas y llega hasta el suelo. Si no siente nada, limítese a utilizar su imaginación. La esencia puede sentirse espesa y pesada cuando se reparte en dos y corre por los muslos, las rodillas, las pantorrillas y los tobillos. Se esparce a través de los pies: sale del cuerpo por los dedos y penetra el suelo desde el centro de las plantas de los pies.

10. Visualice el Jing esparciéndose y descendiendo dentro de la tierra como las raíces de un árbol. (Si practica en su casa, imagine el Jing esparciéndose por el suelo, a sus pies.)

La esencia del Jing en forma de energía sexual se siente mucho más pesada que el Chi. De hecho, tiende a hundirse, por lo que le será bastante fácil sentir o imaginar la esencia descendiendo por sus piernas hacia el suelo. Es mucho más difícil hacer que el Jing Chi suba.

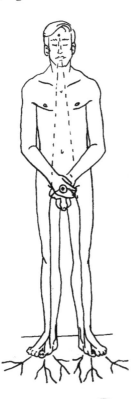

Con este ejercicio se aprende a mover el Jing Chi en ambas direcciones. Sintiendo la conexión entre los ojos y el perineo cuando tira de ellos, está construyendo una buena base para la práctica de ejercicios posteriores en los que aprenderá cómo hacer ascender la energía sexual por la columna vertebral.

Mientras hace descender la esencia por las piernas hasta el suelo, está aprendiendo al mismo tiempo cómo arraigarse a la tierra. Éste es un concepto importante para la práctica. Estar arraigado a la tierra supone una protección frente al peligro de hacerse demasiado etéreo o desapegado. En la práctica del Chi Kung se busca estar firmemente arraigado al mundo cotidiano: en ningún momento pretendemos evitar o escapar de nuestras responsabilidades en el «mundo real». Con el tiempo, la práctica

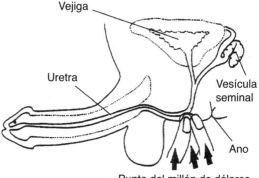

Vejiga

Uretra

Vesícula seminal

Ano

«Punto del millón de dólares»

de arraigo también le proporcionará una fuente de poder a medida que alcance una mayor experiencia. La misma tierra que le sostenga le permitirá tomar fuerza de ella. Muchas de las prácticas taoístas son muy literales, en el sentido de que sus nombres son una descripción de la práctica. Un taoísta cree que puede mover la esencia y la energía en su cuerpo o fuera de él. Ni siquiera se cuestiona el no poder hacerlo. Si usted hubiese sido criado en China también entendería esta posibilidad como parte de la organización natural de las cosas.

En Occidente estos conceptos son prácticamente desconocidos. Pero una vez más quiero insistir en que la esencia o la energía de la fuerza vital no son conceptos exclusivamente chinos; todo el mundo las posee, cualquiera que sea su raza o sexo. Fueron descubiertas en China y es cierto que ha tenido que pasar mucho tiempo para que estas ideas llegaran a Occidente. Hay muchos practicantes de Chi Kung en China que predicen que en el siglo XXI estos ejercicios tendrán una gran importancia en todo el mundo para la preservación de la salud.

Puede hacer este ejercicio mientras se ducha o en cualquier momento del día cuando esté solo y no vaya a ser interrumpido. No es bueno hacerlo antes de dormirse porque genera energía que puede mantenerlo despierto. Tampoco debe excitarse sexualmente demasiado pues si eso ocurre el Chi puede perderse a través del coito o la masturbación. La idea aquí es aumentar su energía sexual y sentirla conectada a los

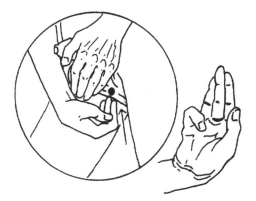

ojos, sentirla desparramarse por el abdomen y descender por las piernas hasta la tierra. Recuerde: queremos conservar la mayor cantidad posible de esperma, no perderla.

Si nota que se está excitando demasiado, deténgase y haga algunas respiraciones abdominales rápidas. Mire hacia arriba y hacia la izquierda. Con los dedos índice, corazón y anular de cualquiera de las manos localice la depresión en el perineo, detrás de los testículos pero más cerca del ano, y presione hacia adentro y para arriba con el dedo corazón. Los taoístas llaman a este punto el del millón de dólares. Debe palpar alrededor para hallarlo antes de hacer el ejercicio. Con sólo apretar el perineo no se detiene el flujo de esperma. Debe encontrar la pequeña depresión, su punto del millón de dólares. Mediante la experimentación le será posible localizarlo. Practicando la masturbación puede aprender a tener un orgasmo, pero previniendo la pérdida de esperma. Posteriormente, masajee el perineo con los tres dedos. Debe divertirse aprendiendo. Los taoístas no tenían nada en contra de divertirse.

Kung Fu ovárico para mujeres. Primera parte

1. Frótese las manos hasta que se calienten.
2. Cubra un seno con cada mano y comience el masaje. 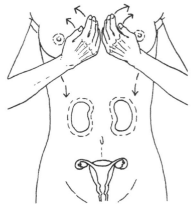 Desde debajo de los senos, dirija las manos hacia arriba por en medio del pecho, llegue a la parte superior y luego siga hacia afuera y para abajo. Realice este masaje de nueve a dieciocho veces.
3. Invierta la dirección del masaje: esta vez será desde la parte de arriba de los senos, mueva las manos hacia abajo por en medio del pecho y después masajee hacia arriba por el exterior de los pechos.
4. Descanse sus yemas tocándose ligeramente los pezones.
5. Sienta al Jing descendiendo hacia abajo y hacia atrás, rumbo a los riñones. Puede experimentar esto como una sensación sexual o como calor.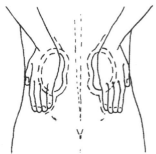
6. Ponga las manos sobre la parte baja de la espalda, encima de los riñones, y masajee esta zona entre quince y treinta segundos.
7. Centre su atención en el palacio ovárico, que incluye el área de la vagina y a cada lado y ligeramente por encima de ésta, los ovarios. Sienta al Jing descendiendo desde los riñones hacia dentro del palacio ovárico.

8. Mueva sus palmas hacia abajo y cubra el palacio ovárico.

9. Tire de los músculos de los ojos y use la fuerza del perineo, cerrando y apretando los labios de la vagina y tirando hacia arriba, mientras también aprieta y tira hacia arriba del ano.

10. Descanse. Sienta cómo se expande la energía en el área sexual.

11. Use su mente y mire hacia abajo para guiar la esencia del palacio ovárico mientras desciende por sus piernas hasta llegar al suelo. Si no siente nada, limítese a utilizar la imaginación. La esencia puede sentirse espesa y pesada mientras se divide en dos y corre hacia abajo por los muslos, las rodillas, las pantorrillas, y los tobillos. Se esparce por los pies y desde el centro de las plantas de éstos abandona su cuerpo.

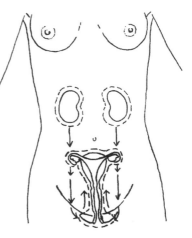

12. Visualice el Jing esparciéndose y descendiendo hacia la tierra como las raíces de un árbol.

Puede realizar este ejercicio mientras se ducha o en cualquier momento del día en el que cuente con cierta intimidad. También puede hacerlo por la noche, pero tenga claro el potencial de este ejercicio para excitarle sexualmente. Si esto llegase a suceder está permitido disipar la excitación sexual mediante el coito o la masturbación. Las mujeres no pierden Jing a través de la actividad sexual.

Los comentarios después de la descripción de los ejercicios del «Kung Fu seminal para hombres» relativos al arraigo y a hacer ascender el Jing se aplican igualmente a las mujeres.

Kung Fu de la lengua

Dado que estamos trabajando la lengua, pensé que era oportuno reve-larle las técnicas taoístas de Kung Fu de la lengua que han sido guar-dadas en secreto durante tanto tiempo.

Las aprendí en 1982, pero hacía tiempo que sospechaba de su exis-tencia. No conozco ninguna obra sobre temas sexuales que explique estos secretos tan bien guardados.

Los taoístas consideraban el sexo como algo parecido a un campo de juego. Tenían una técnica para prolongar el placer y aumentar el flujo de Chi entre amantes. La lengua desempeñaba un papel fundamental en todo ello, pues era uno de los útiles principales de los que disponían los taoístas para alcanzar el éxito en el campo de juego del placer. No estoy hablando de seducción. Entre adultos, el sexo es a menudo un juego. Aunque, por otra parte, muchos antiguos manuales taoístas ha-blan del sexo como si se tratara de un campo de batalla, con sus propias reglas de acción y tácticas para asegurar un desenlace satisfactorio.

Una de las reglas más básicas es que la mujer debe alcanzar el clímax primero. Estoy seguro de que muchos de ustedes piensan que ésta es una magnífica regla. Hay varias razones que la justifican. Una de ellas es que, si el hombre tiene el primer orgasmo, ése puede ser el final de la batalla, que puede tener como resultado a la mujer insatisfecha y al hombre durmiéndose. Ésta no es una buena estrategia para el sexo pro-longado. La mujer es capaz de experimentar más orgasmos que el hom-bre y, a diferencia de éste, no pierde Jing en ellos.

La lengua es el órgano que sirve más que ningún otro para prolon-gar el placer sexual y la excitación. Puede cambiar de forma y tamaño y realizar una variedad infinita de movimientos. Su superficie, húmeda y tibia, tiene una aspereza como la de la lima. Es extremadamente dócil y sensitiva, y también es el principal conductor en la órbita microcós-mica, un poderoso vehículo para pasar y recibir Chi del amante. Tanto el hombre como la mujer pueden usarla de muy diferentes maneras, aunque tengo que admitir que, en un principio, era únicamente el hombre el que la utilizaba sexualmente sobre la mujer. Pero, desde luego, eso fue en una época mucho menos ilustrada que la actual.

Entonces, sin más preámbulos, paso a describir el Kung Fu esencial de la lengua.

Nota: Todos estos ejercicios fueron diseñados para ser practicados con un compañero/a. Si no tiene compañero/a disponible, se sugiere que cuelgue de un cordón una pieza de fruta (por ejemplo, una naranja), atando un palillo de dientes al cordón y clavando otro en la naranja. Cuelgue la fruta a la altura de la boca y practique según se muestra en las ilustraciones. Cuando haya dominado la naranja, puede empezar a practicar con un pomelo.

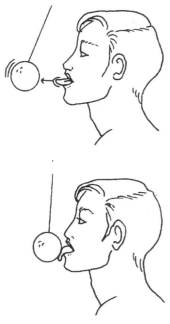

1. Lengua de serpiente: saque la lengua como una serpiente. Proyéctela hacia afuera en un movimiento rápido poniéndola dura y punzante. Dispárela derecha hacia adelante y vaya aumentando la velocidad a medida que practica. La lengua de serpiente se recomienda para estimular las orejas, senos (pezones) y genitales de su compañera.

2. Lengua de gancho: en esta práctica esotérica, saque la lengua y diríjala hacia el mentón. A continuación forme una especie de gancho y con la punta de la lengua lama hacia arriba. Las experiencias repetidas por taoístas

durante miles de años han demostrado que esta forma de Kung Fu de la lengua es especialmente estimulante si se practica en los genitales de ambos sexos.

3. Lengua de bofetón: saque la lengua y llévela al lado izquierdo de la boca. Ahora, en un movimiento rápido, muévala hacia la derecha, manteniéndola extendida, «abofeteando» cualquier cosa que se interponga en su camino. Repita el movimiento de derecha a izquierda, etc. No-

tará que a medida que practica su bofetón aumenta en velocidad y fuerza. Se ha comprobado que esta forma de Kung Fu de la lengua es también muy efectiva para provocar excitación genital tanto al hombre como a la mujer. Realice este ejercicio para aumentar la agilidad y destreza de su lengua.

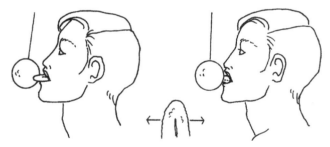

4. Lengua de taladro: esta práctica secreta se desarrolló para resolver el problema de pezones hinchados (erectos). Con la punta de la lengua primero se empuja el pezón protuberante de vuelta al seno y después se dibujan pequeños círculos alrededor del pezón. Los sabios taoístas comprobaron que esta técnica originaba una estremecedora espiral de energía en los amantes.

No hay sustituto para la práctica aquí. Experimente y encuentre nuevas y excitantes aplicaciones del Kung Fu de la lengua. Un poco de práctica lleva lejos. Hay un par de reglas adicionales:

a) Observar normas razonables de higiene, como por ejemplo lavarse.

b) Cuando practique el Kung Fu de la lengua en los genitales, use la yema de un dedo para sellar la abertura del ano de su compañero/a. Con ello se impide la pérdida de Chi, que se fuga fácilmente durante la excitación.

Éstas son auténticas prácticas taoístas. Como ve, los taoístas pensaron en todo.

Calentar la estufa

Como ya ha comprobado conectar o sentir, percibir, imaginar o visualizar una conexión entre diferentes partes del cuerpo es una parte crucial del yoga taoísta y del Chi Kung.

Es tiempo ahora de aprender una conexión básicamente desconocida en Occidente, pero que es la clave para la práctica verdadera. Aunque antes debo aportar más teoría para que la meditación tenga sentido.

Mientras el bebé flota en la matriz de la madre, está unido a ella a través del cordón umbilical, por el que entra en su cuerpo el Jing de la madre que es almacenado detrás del ombligo, en el océano de Chi. Una parte central de este océano de Chi es el Tan Tien o, más correctamente, el Tan Tien inferior. Es este lugar el que queremos conectar con el Tan Tien superior, situado detrás del punto medio que se encuentra entre los ojos.

La ubicación exacta del Tan Tien inferior es diferente en cada persona, pero suele estar localizado a unos tres centímetros y medio, o el ancho de dos dedos, por debajo del ombligo y, respecto a la localización interna, a la mitad de dos tercios del camino entre el ombligo y la columna, es decir, más cerca de esta última. Para el taoísta novato éste es el lugar más importante del cuerpo. No olviden, sin embargo, que muchos textos chinos dan diferentes ubicaciones para al Tan Tien: algunos señalan que está a unos siete centímetros por debajo del ombligo y otros aseguran que, respecto a su localización interna, se halla más cerca del ombligo. Para los ejercicios de este libro, usen la posición que les doy. Más adelante, cuando aprendan la órbita microcósmica, también utilizaremos el punto del ombligo como el Tan Tien.

Tan Tien se traduce como «campo del elixir». Un elixir es una medicina curativa o pócima, por lo que Tan Tien se puede traducir como «campo medicinal». Esto dice mucho respecto de la práctica y de parte del secreto de la flor dorada.

En el Tan Tien inferior es donde la esencia Jing se convierte en Chi, lo que origina la restauración del Chi-Yuan Chi original. Este Chi original es el elixir o medicina.

En teoría todo es muy sencillo. Los taoístas buscan restaurar la energía original que existe en las personas cuando nacen y que es la que nos mantiene sanos y asegura el libre flujo de energía de fuerza vital otro nombre para el Chi original por todo el cuerpo. Los taoístas creen que la restauración del Chi original devolverá la perfecta salud al cuerpo.

El proceso comienza desplazando el foco de concentración del Tan Tien superior —punto del tercer ojo— al Tan Tien inferior. El elixir se prepara calentando el Tan Tien inferior mediante rápidas respiraciones abdominales, a las que llamamos de fuelle.

En la respiración de fuelle, se inhala y se expande rápidamente el abdomen, de forma incluso violenta. Se exhala igualmente rápido y con la misma fuerza. Una inhalación y exhalación no debe llevar más de un minuto. Este tipo de respiración se asemeja a la antigua herramienta de los herreros, el fuelle, empleado para aumentar el calor del fuego. De ahí su nombre de fuego rápido. Entenderá ahora por qué al Tan Tien inferior se le denomina también la estufa. La respiración de fuelle eleva la temperatura de la estufa y de ahí el nombre de la práctica.

1. Repita los ejercicios de regulación de la mente hasta el punto en que les haya sonreído a las diferentes partes de sus ojos y conectado la sonrisa a una sonrisa sobre la comisura alzada de sus labios. Cuando haya conectado las comisuras exterior e interior, izquierda y derecha de los ojos, las pupilas, los iris, el blanco y los párpados superior e inferior, estará listo para iniciar la práctica de los ejercicios de esta semana.

2. Sienta sonreír a su ojo izquierdo y sienta, asimismo, la conexión de éste con la comisura izquierda levantada de sus labios. Note cómo se arruga la comisura externa de su ojo izquierdo mientras sonríe.

3. Sienta sonreír a su ojo derecho y sienta, asimismo, la conexión con la comisura derecha levantada de sus labios. Note cómo se arruga la comisura externa de su ojo derecho mientras sonríe.

4. Desplace rápidamente su foco de atención a la punta de la nariz, ascienda a continuación hasta el «pequeño bulto» y luego llegue al tercer ojo, situado entre y ligeramente por encima de los ojos.

5. Sonría al punto del tercer ojo. Note cómo esta sonrisa se mueve en el espacio que hay detrás del tercer ojo, como si pudiese mirar dentro de su cabeza. Permanezca así unos dos minutos o más.

6. Coloque la lengua entre los dientes, detrás de los labios, y dibuje nueve círculos en cualquier dirección. A continuación ponga la lengua por detrás de los dientes y dibuje seis círculos en la dirección opuesta. Su boca debe llenarse de saliva. Mueva la mandíbula inferior de adelante atrás, como si estuviese «masticando saliva» mientras sonríe a la saliva.

7. Ponga la punta de la lengua en el paladar, por detrás de los dientes. Empuje el mentón hacia adentro, tense la nuca, apriete la garganta y tráguese la saliva emitiendo un sonido de engullir.

8. Siga el recorrido de la saliva al tiempo que va desplazando el foco de atención y la energía de la sonrisa hasta el punto que se halla a, aproximadamente, dos tercios del camino dentro de su cuerpo y a unos tres centímetros y medio por debajo del ombligo, el Tan Tien inferior. Si no puede percibir o sentir nada, utilice su imaginación y calcule dónde debería hallarse ese punto.

9. Realice dieciocho o más respiraciones de fuelle, que en realidad son respiraciones abdominales cortas y rápidas —aproximadamente un segundo de duración para cada inhalación y exhalación—. Use los músculos abdominales para contraer vigorosamente el abdomen al exhalar. Inhale y exhale por la nariz.

10. Llegado a este punto, sentirá calor en el Tan Tien inferior. Es verdad que puede necesitar algunos días e incluso algunas semanas para experimentar ese calor, pero si practica con regularidad llegará a notarlo. Mantenga su concentración en el Tan Tien inferior durante unos minutos mientras inicia una respiración abdominal lenta (a esta técnica respiratoria se la llama fuego lento).

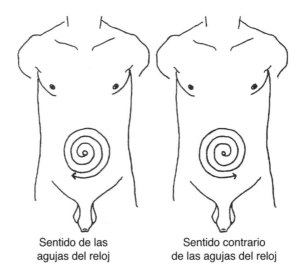

Sentido de las
agujas del reloj

Sentido contrario
de las agujas del reloj

11. Para finalizar este ejercicio: Hombres: Ponga la mano izquierda sobre el ombligo, cúbrala con la derecha y, manteniéndolas así, realice movimientos circulares, de unos tres centímetros, sobre esa zona. Debe dibujar treinta y seis círculos en el sentido de las agujas del reloj (bajar por el lado izquierdo y subir por el derecho) y después veinticuatro en sentido contrario. Use su mente para guiar el Chi alrededor del ombligo. En la vuelta final, impulse el Chi hacia el Tan Tien inferior. Sentido de las manecillas del reloj. Sentido contrario de las manecillas del reloj.

Mujeres: Coloque la mano derecha sobre el ombligo, cúbrala con la izquierda y, manteniéndolas así, dibuje círculos, de unos tres centímetros, en esa zona. Debe realizar treinta y seis círculos en el sentido contrario a las agujas del reloj (bajar por el lado derecho y subir por el izquierdo) y después veinticuatro en sentido inverso. Use su mente para guiar el Chi alrededor del ombligo. En la vuelta final, impulse el Chi hacia el Tan Tien inferior. Sentido contrario de las manecillas del reloj. Sentido de las manecillas del reloj.

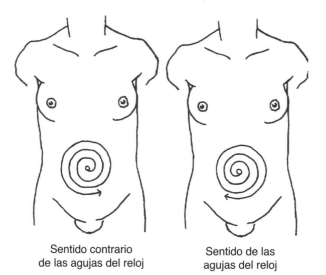

Sentido contrario
de las agujas del reloj

Sentido de las
agujas del reloj

12. Frótese las manos hasta que estén calientes y dése un masaje en la cara. Frótelas de nuevo y cúbrase los ojos. Permita que éstos absorban el Chi.

Algunas personas sentirán calor en el Tan Tien inferior casi de inmediato, pero a otras les costará más tiempo. Ésta es una de las dificultades de escribir un libro como éste, ya que algunos de ustedes tendrán más aptitudes en ciertas áreas y otros, en otras. Me gustaría estar aliado de cada uno para ofrecerles mi orientación personal. Continuaremos calentando la estufa mientras aprendemos la sonrisa interior durante las tres próximas semanas. Al final de esta cuarta semana de práctica debe estar experimentando calor alrededor y detrás del área del ombligo.

No se angustie o presione para lograr resultados. Vendrán a su debido tiempo. La ansiedad en torno a su avance le resultará un impedimento. Todo lo que requiere sentir es cierta tibieza en la parte inferior del abdomen. Puede estar seguro sobre el hecho de que antes o después experimentará ese calor.

Conservar la energía

En la tercera semana aprendió cómo incrementar la producción de Jing Chi —energía sexual— y la semana pasada le desvelé los movimientos del Kung Fu de la lengua, que es parte del vasto tesoro de técnicas amorosas taoístas diseñadas para, en última instancia, equilibrar la energía sexual masculina y femenina. Esta semana trabajará técnicas para conservar la energía sexual.

He señalado en diversas ocasiones que los hombres pierden Jing Chi con la eyaculación y las mujeres cuando tienen la menstruación. Son las formas más habituales, para ambos sexos, de perder la energía sexual, pero también perdemos Jing Chi si nuestros órganos sexuales están débiles.

Hombres y mujeres tienen dos «puertas» en sus órganos sexuales que permiten que se escape el Jing Chi si no están suficientemente tonificadas. Con el ejercicio de esta semana, cerrar las dos puertas anteriores, aprenderá dónde están localizadas y cómo fortalecerlas. Por las diferencias anatómicas entre hombres y mujeres, la descripción del ejercicio es algo distinta para cada uno, aunque la práctica es básicamente la misma.

Cerrar las dos puertas anteriores

Hombres: La primera puerta está localizada en la abertura de la punta del pene. Si se concentra en ella, conseguirá cerrarla. La segunda puerta se encuentra en la base del pene, ende se une al cuerpo, y justo detrás de este punto está el diafragma urogenital, gracias al cual, si consigue contraerlo valiéndose de la concentración, podrá cerrar esa segunda puerta.

1. Contraiga ligeramente la puerta de la punta del pene.
2. Contraiga la puerta situada en la base del pene (diafragma urogenital).
3. Estire simultáneamente de los músculos de los ojos. Si puede, ponga especial atención en los músculos que circundan el iris y estire de ellos mientras hace lo mismo con los músculos que rodean a los ojos.
4. Repita el ejercicio de tres a nueve veces.
5. No tiene que coordinar este ejercicio con la respiración, pero puede hacerlo si lo desea. Primero pruebe a estirar cuando inhala y luego estire mientras exhala. ¿Cuál de los dos métodos cree que es más efectivo para usted?

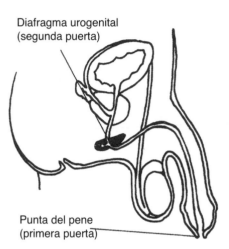

Diafragma urogenital (segunda puerta)

Punta del pene (primera puerta)

Mujeres: La primera puerta es la abertura de la vagina. Concéntrese en la abertura de los labios de la vagina y contráigalos. La segunda puerta se encuentra dentro de la vagina, en el diafragma urogenital, frente a la abertura de la cerviz. Si se concentra en este punto, conseguirá contraerlo.

1. Contraiga ligeramente la puerta de los labios de la vagina.
2. Contraiga la puerta que se encuentra dentro de la vagina, en el diafragma urogenital.

3. Estire simultáneamente de los músculos de los ojos. Si puede, concéntrese en los músculos que circundan el iris y estire de ellos al tiempo que hace lo mismo con los músculos que rodean a los ojos.

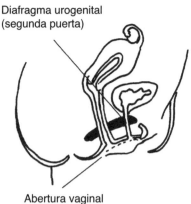

Diafragma urogenital (segunda puerta)

Abertura vaginal (primera puerta)

4. Repita este ejercicio de tres a nueve veces.
5. No tiene que coordinar este ejercicio con la respiración, pero puede hacerlo si lo desea. Primero pruebe a estirar cuando inhala y luego estire mientras exhala. ¿Cuál de los dos métodos cree que es más efectivo para usted?

Hombres y *mujeres:* Si tiene dificultades para localizar la segunda puerta, el ejercicio que propongo a continuación le ayudará; además, con él conseguirá tonificar esta puerta.

Cuando orine, trate de detener el flujo apretando fuertemente dentro de su pene o vagina. El lugar en el que hay que apretar para interrumpir el flujo de la orina es precisamente donde se encuentra ubicada la segunda puerta. Es poco probable que se interrumpa el flujo de la orina apretando solamente la primera puerta, situada en la punta del pene o en los labios de la vagina.

Poder perineal

Conforme se profundiza en la práctica del Chi Kung, se hace más difícil encontrar ejercicios que no combinen la regulación de la respiración y la del cuerpo. Como ya he señalado, hay pocos ejercicios «puros» de respiración. Respirar influye en el resto del cuerpo. Cuando inhala, el oxígeno del aire es absorbido por el torrente sanguíneo en los pulmones y de ahí es transportado por el sistema circulatorio a cada célula del organismo. En nuestro cuerpo, hay una íntima relación entre el primer tesoro (Chi) y el segundo (Jing).

Lleva practicando la respiración abdominal desde la segunda semana. La anterior aprendió a estirar del perineo al efectuar una exhalación y a estirar del ano al realizar la siguiente. También aprendió a cerrar las dos puertas anteriores de los órganos sexuales.

Esta semana aprenderá a efectuar una respiración aún más profunda y a aumentar así el volumen de aire. Para lograrlo, debe expandir el abdomen y la parte baja de los pulmones al inhalar. Al mismo tiempo que sigue inhalando, debe desplazar su foco de atención hacia arriba y llenar la parte media de los pulmones. Cuando ésta se encuentre llena, lleve su foco de atención a la parte superior de los pulmones e inhale un poco más de aire para llenarlos completamente. Debe tener la sensación de estar muy lleno.

La exhalación se realiza en el orden inverso a como ha efectuado la inhalación: primero debe vaciar la parte superior de los pulmones, después la zona media y, finalmente, el bajo abdomen.

Mientras exhala para vaciar la parte superior de los pulmones, estire sólo de los órganos sexuales. Cuando vacíe la zona media, estire también del perineo. Y, finalmente, mientras espira y saca el aire de su bajo abdomen, debe estirar también del ano.

Este ejercicio continúa el proceso de aprendizaje para distinguir y diferenciar las distintas partes del área del perineo. Mientras lo realiza podrá sentir cómo mueve la energía sexual hacia atrás, de los órganos sexuales hacia el perineo y, finalmente, al ano. En futuras lecciones aprenderá a mover este Jing Chi hasta la columna vertebral y a hacerlo ascender por ella. A este proceso de invertir la dirección del flujo de la energía sexual de afuera hacia atrás se le llama «método del flujo inverso» en *El secreto* de *la flor dorada*. Este término también se aplica a la técnica de volver la mirada al interior que, desde la primera semana, ha estado aprendiendo en los apartados dedicados a regular la mente.

1. Este ejercicio puede realizarse de pie, sentado o acostado.
2. Inspire profundamente y llene y expanda el bajo abdomen.
3. Continúe inhalando, mientras va desplazando hacia arriba su foco de atención, expandiendo ligeramente la zona baja del tórax al tiempo que llena por completo las partes inferior y media de los pulmones.
4. Continúe inspirando mientras mantiene su concentración en la parte superior de los pulmones y la llena de aire. La inhalación no debe ser forzada, ni resultarle incómoda o dolorosa; más bien debe tener la sensación de estar lleno y de tener la zona del tórax expandida. Es muy posible que nunca haya tenido tanto aire dentro de su organismo. Al principio puede que se sienta raro o, incluso, mareado. Si esto sucede, disminuya un poco el volumen de aire que toma en esta larga inspiración para que se sienta más cómodo realizando el ejercicio.
5. Haga una pausa de uno o dos segundos y luego comience a vaciar la parte superior de los pulmones mientras estira de los órganos sexuales, cerrando las dos puertas anteriores, tal como aprendió la semana pasada. Los hombres también deben estirar de los testículos. Aguante; no suelte hasta finalizar la exhalación.
6. Haga una pausa de un segundo y luego vacíe la parte media y la inferior de los pulmones mientras estira del perineo. Aguante así durante los dos siguientes pasos. Ahora está estirando del perineo y de los órganos sexuales.
7. Haga una pausa de un segundo y vacíe y contraiga el bajo abdomen al tiempo que estira del ano.
8. Mantenga el estiramiento del ano, el perineo y los órganos sexuales durante uno o dos segundos y luego relájese.
9. En las primeras sesiones, repita este ejercicio al menos tres veces. Después, aumente las repeticiones a seis o más por sesión.

Respiración testicular y ovárica. Primera parte

Nos estamos acercando al centro neurálgico del Kung Fu sexual taoísta, lo que significa aprender a conducir la energía sexual (Jing Chi) por la columna vertebral hacia el interior de la cabeza para rejuvenecer el cerebro.

Desde luego podría enseñarle todos los pasos del proceso en la lección en una semana, pero si lo hiciera así usted nunca obtendría todos los beneficios que esta práctica puede aportarle. Por lo tanto, vamos a proceder lenta y metódicamente durante las cinco próximas semanas, y así usted podrá elevar su Jing con toda seguridad. No se impaciente. No se adelante. Estas enseñanzas están entre los mayores legados de los taoístas.

En China quizá no podría aprender algo así. Según interpreto la situación actual, las prácticas sexuales han sido suprimidas junto con las prácticas de alquimia interna. Por ello hago una distinción entre maestros de Chi Kung en la China contemporánea y verdaderos maestros de Tao. Los libros recientes sobre prácticas de Chi Kung (Qigong) provenientes de la China continental apenas mencionan la sexualidad. Su postura sobre alquimia interna está resumida en el libro de Jiao Guori, *Qigong Essentials for Health Promotion* (China Today Press, Pekín, 2a ed., 1990): «En tiempos antiguos el Qigong se consideraba la clave de la inmortalidad. Esto es imposible, porque el envejecimiento es una ley objetiva. El proceso de practicar el Qigong no es alcanzar la inmortalidad cerrando los ojos y perdiendo el tiempo, sino crear resistencia para evitar el envejecimiento prematuro a fin de que la persona pueda estar alerta, sentirse vigorosa y contribuir más positivamente al avance del género humano».

En realidad las prácticas sexuales han sido suprimidas en China desde hace casi mil años. No obstante, antes, las artes de la alcoba se consideraban parte de la medicina tradicional china y florecieron en una sociedad que no tenía noción del pecado original. Más tarde, neoconfucionistas altamente conservadores de las dinastías Sung y Sung meridional (960-1280 d.C.) prohibieron la discusión pública del sexo, quemaron los libros y, con su intransigencia, forzaron a las personas a realizar estas prácticas detrás de las puertas o en la clandestinidad (nunca desaparecieron del todo, especialmente entre los taoístas). No es que los neoconfucionistas se opusiesen al sexo, sólo estaban en contra de que se escribiese acerca de él. Los comunistas se limitaron a continuar en la misma línea. Sin embargo, algunos de los antiguos textos sobrevivieron, muchos en las bibliotecas de coleccionistas japoneses —hoy en día sigue descubriéndose la existencia de obras desconocidas—. Por otra parte, la tradición oral nunca se extinguió, y las enseñanzas fueron transmitidas por los maestros taoístas a sus alumnos. Cuando estos textos y algunos maestros de Tao sobrevivientes lograron llegar a Occidente, estas antiguas prácticas vieron de nuevo la luz. Ahora, poco a poco, se irán convirtiendo en parte de la sexualidad occidental, y no porque hoy sean casi desconocidas en China, donde es raro que se practiquen, sino por su valor intrínseco. Tal es la naturaleza del cambio. Los conocimientos antiguos vuelven en un tiempo distinto en diferentes lugares. El *I Ching* dice que un movimiento es logrado en seis etapas y la séptima trae la recompensa.

La primera parte de la respiración testicular y ovárica es bastante diferente para hombres y mujeres. Después, la práctica es casi igual para ambos sexos hasta que se llega a la quinta parte.

La respiración testicular y ovárica se ocupa de activar y elevar la energía sexual no excitada. Es una parte clave de la práctica soltera o de auto cultivo y es muy agradable y nada fuerte. No es erótica, sino más bien una práctica saludable que proporcion a longevidad y rejuvenecimiento.

►*Respiración testicular. Primera parte*

Este ejercicio puede hacerse sentado, de pie o acostado. Las instrucciones que siguen son para realizar la práctica sentado. Una vez que las domine, puede aplicar los mismos principios estando de pie o acostado. Use ropa holgada, calzoncillos largos u opte por permanecer desnudo de cintura para abajo.

1. Siéntese erguido en el borde de una silla, con los pies bien apoyados en el suelo. Los hombros deben estar ligeramente encorvados y el pecho, relajado. Separe las rodillas a la altura de los hombros y coloque las manos sobre ellas con las palmas hacia abajo.

2. Los testículos deben colgar libremente y sin obstrucción del borde de la silla.

3. Concéntrese en los testículos.

4. Respire suavemente y levante la punta de la lengua hasta tocar la bóveda de la boca. Debe estar relajado cuando efectúe este ejercicio.

5. Inspire lentamente sin usar ninguna o la mínima fuerza muscular y trate de empujar hacia arriba los testículos. Puede estirar suavemente de sus ojos, pero no use los músculos de las dos puertas anteriores, el perineo o el ano para subir los testículos.

6. Use la mente y la respiración par a alzar los testículos. Imagine que está res pirando suavemente por los testículos y los está llenando de Chi y haciendo que asciendan mientras los empuja con su mente Yi.

7. Espire lentamente y baje los testículos. Repita este ejercicio nueve veces cada sesión.

8. Cuando haya acabado, concéntrese en el espacio existente entre los dos testículos. Puede sentir energía fría esparciéndose hacia afuera a través de ellos.

La fuerza sexual que está activando es energía Yin fría. Cuando se excita sexualmente, la energía sexual se hace caliente y Yang, y se requiere de medidas más extremas para controlarla. Para hacer. bien este ejercicio debe estar relajado y no sentirse excitado sexualmente.

Algunas veces, haciendo este ejercicio, tendrá la sensación de que los testículos saltan hacia arriba y hacia abajo de forma un tanto cómica a esto se le conoce como la «danza de los testes». Puede pasar bastante tiempo hasta que note que este ejercicio le resulta efectivo. Por ello me estoy deteniendo tanto en él. Es muy posible que muchos de ustedes no sientan la energía fría Yin durante un tiempo, y también es casi seguro que cuando la perciban, les resulte una sensación bastante desconcertante. Recuerdo la primera vez que me sucedió, era fría como el hielo.

Respiración ovárica. Primera parte

El significado más común de Yin y Yang es mujer y hombre. La mujer es Yin y el hombre, Yang. No obstante, los taoístas reconocían que dentro de cada uno de nosotros hay energía Yin y Yang. Una meta principal de la energía sexual Kung Fu es equilibrar el Yin y el Yang en nuestro cuerpo. Por ello los hombres activan la energía Yin en la respiración testicular. La energía fría Yin sin excitar equilibra a la, normalmente caliente, energía Yang del hombre. Para las mujeres lo opuesto es lo correcto. En la respiración ovárica, la caliente energía Yang se activa para equilibrar la energía Yin femenina.

Estos ejercicios de autocultivo permiten al practicante encontrar las energías Yin y Yang dentro de sí mismo, a solas. No son tan conocidos como las prácticas de cultivo dual que requieren la presencia y participación de un miembro del sexo opuesto. El cultivo dual es el dominio de la alquimia sexual. Revelaré de la forma más clara y simple que pueda el secreto de activar y elevar por la columna vertebral el Jing Chi no excitado hasta el interior del cerebro. Es necesario conocer esta técnica y practicarla para poder dar el siguiente paso, que es hacer ascender hasta el cerebro la energía sexual excitada. Ésta es mucho más poderosa que la energía sexual no excitada. En este momento aún no está preparado para usarla, pero en unas semanas lo estará. Recuerde: lo mejor está aún por venir.

La respiración ovárica difiere de la respiración testicular por las diferencias físicas de los órganos sexuales de ambos sexos y por el ciclo menstrual de la mujer.

Los taoístas descubrieron que durante el ciclo menstrual, en el tiempo entre que se termina el flujo de la menstruación y la ovulación, es cuando la esencia de los ovarios está más caliente o más Yang. Luego, éste es el tiempo en que la práctica de respiración ovárica resulta más beneficiosa, porque usted puede extraer entonces Yang Jing Chi del óvulo. De todas formas también puede practicar en cualquier otra época durante el ciclo, e incluso durante la menstruación. Entre otros beneficios derivados de la práctica regular de este ejercicio, conseguirá disminuir la duración del ciclo de sangrado y preservar su Jing.

En esta primera parte de la respiración ovárica, aprenderá a llevar la esencia de los ovarios al palacio ovárico.

1. Siéntese erguida en el borde de una silla, con los pies bien apoyados en el suelo. Los hombros deben estar ligeramente encorvados y el pecho, relajado. Separe las rodillas a la altura de los hombros y eleve la lengua a la bóveda de la boca. Frótese las manos hasta que estén calientes.

2. Localice el palacio ovárico. Para ello, forme un triángulo con sus manos juntando las puntas de los pulgares a la altura del ombligo y la de los dedos índices por debajo del mismo. El punto donde se unen los dedos índices es el palacio ovárico.

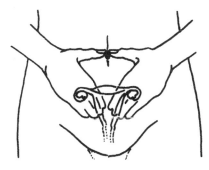

3. Manteniendo el triángulo, separe ligeramente los otros tres dedos de cada mano. Sus ovarios descansan debajo de esos dedos.

4. Concéntrese en sus ovarios. Frote los dedos sobre ellos hasta que sienta que se calientan.

5. Use su mente Yi para conducir el tibio Jing de los ovarios al palacio ovárico. (Quizá no sienta calor de inmediato. Tal vez experimente una sensación de cosquilleo o de hinchazón. En este momento y mientras sienta algo, es suficiente.)

6. Inhale un pequeño sorbo de aire y use su mente Yi para cerrar con mucha delicadeza los labios de la vagina (como pétalos de rosa). Esto le ayudará a conducir la esencia al palacio ovárico.

7. Espire, abra los labios de la vagina y relájese. Repita este ejercicio al menos nueve veces por sesión. Le recomiendo que, si tiene tiempo, lo realice más veces. Suave, muy suavemente.

Respiración testicular y ovárica. Segunda parte

La meta de los ejercicios de esta semana es la misma para hombres y para mujeres: dirigir el Jing Chi al perineo, que es el punto donde se almacena la energía sexual en el cuerpo. De nuevo, a causa de las diferencias anatómicas, describiré los ejercicios por separado para cada sexo.

Respiración testicular. Segunda parte

1. Comience por hacer la respiración testicular aprendida la semana pasada. Debe estar totalmente relajado mientras practica. Después de unos minutos debe sentir energía fría. Si no la experimenta —y muchos no lo lograrán al principio—, trate de sentir alguna energía o cosquilleo en los testículos.

2. Dirija su mente al perineo. Imagine que una pajilla plateada le recorre la zona que va de los testículos al perineo.

3. Mantenga su punto de concentración en el perineo y empuje los testículos hacia arriba al mismo tiempo que imagina que dentro de la pajilla plateada fluye la energía fría en dirección al perineo.

4. Inspire y dirija el Jing Chi al perineo.

5. Cuando exhale mantenga su concentración en el perineo para detener en él la energía sexual. Si no conserva adecuadamente el foco de atención en el perineo, el Jing Chi retrocederá de nuevo hacia los testículos.

6. Repita nueve veces este ejercicio cada sesión.

Creo que la utilización de la imagen de la pajilla plateada para conducir el Jing Chi necesita una explicación. Cuando era niño y sorbía algún líquido con una pajilla, solía colocar la yema de un dedo en el extremo de ésta y; así, mantenía el líquido dentro, sin que chorreara por debajo. Pero luego quitaba el dedo, y dejaba salir el líquido. De alguna forma, en el ejercicio anterior usted ha estado haciendo lo mismo. Ha empleado su mente Yi para guiar el Chi hasta el perineo, y manteniendo su concentración en él, es decir, tapando el extremo de la pajilla plateada imaginaria, ha evitado que el Jing Chi se derramara.

Respiración ovárica. Segunda parte

1. Comience por hacer la respiración ovárica aprendida.
2. Inspire una pequeña bocanada de aire y contraiga suavemente los labios de la vagina hacia el perineo.
3. Contraiga y estire hacia arriba del perineo.
4. Imagine que una pajilla plateada conecta los ovarios con el perineo. Use su mente para guiar la cálida energía sexual de su palacio ovárico por el interior de la pajilla plateada hasta que alcance el perineo.
5. Mantenga su punto de concentración en el perineo, para «sellar» la pajilla y evitar que se derrame el Jing Chi.
6. Haga una pequeña pausa. Aguante su respiración y sienta el flujo de energía que parte del palacio ovárico y pasa por el clítoris y la vagina hasta llegar al perineo.
7. Espire y mantenga el punto de concentración en el extremo de la pajilla plateada imaginaria.
8. Repita el ejercicio nueve veces por sesión.

La imagen de la pajilla plateada cumple la misma función para los hombres y para las mujeres. Conforme practique, le será más fácil «retener» el Jing Chi en su lugar con la mente Yi mientras continúa usando la mente para sacar Jing Chi adicional de los ovarios. Los hombres descubrirán que pueden mantener un dedo imaginario sobre un extremo de la pajilla plateada mientras continúan sacando energía sexual de los testículos. El dominio de esta técnica resulta de gran importancia para avanzar durante las próximas semanas en el aprendizaje de hacer ascender el Jing Chi por la columna vertebral.

Respiración testicular y ovárica. Tercera parte

Finalmente esta semana va a empezar a elevar el Jing Chi por la columna vertebral. Esta práctica es esencialmente idéntica para hombres y mujeres. El Jing Chi va desde el perineo a la base de la columna y dentro del sacro. Se dará cuenta de cuán importantes son las numerosas técnicas para diferenciar y fortalecer las distintas partes del perineo y del ano a fin de completar este suave ejercicio. También debe activar la bomba del sacro para bombear la energía sexual por encima de la columna vertebral.

Ya he explicado anteriormente que el Jing Chi —energía sexual— es más pesado y denso que el Chi; por ello es necesario bombearlo si queremos que suba por la columna, mientras que el Chi puede ser dirigido con la mente. También se necesita usar la mente Yi a fin de mantener el Jing Chi en su lugar —como un dedo en el extremo de una paja— para evitar que descienda y salga fuera del sacro.

El Jing Chi entra en la columna por un punto llamado hiato sacral, que es una pequeña abertura en el sacro, a unos dos centímetros por encima del extremo del coxis, en la parte externa de la columna. Si el hiato sacral está bloqueado, el Jing Chi no puede entrar. Le recomiendo que masajee el coxis y el bajo sacro con una tela de seda para ayudar a abrir el hiato.

Respiración testicular. Tercera parte

Cuando dirige el frío Yin Jing Chi hacia arriba por dentro de la columna vertebral, lo que está movilizando no es semen, sino la esencia de la energía sexual masculina no excitada de las células del esperma. Algunas fuentes occidentales han malinterpretado y ridiculizado esta técnica porque creían que se suponía que el semen mismo ascendía por la columna hasta llegar a la cabeza. Esto es físicamente imposible y, desde luego, no es lo que pretendemos explicar. Lo que se eleva es energía generada por el esperma. El Yin Jing Chi es más pesado y denso que el Yang Jing Chi que las mujeres elevan en la respiración ovárica; por ello este ejercicio puede resultarles más difícil a los hombres que a las mujeres.

1. Comience con la respiración testicular.
2. Lleve energía sexual al perineo como aprendió a hacer la semana pasada.
3. Inhale y dirija el Jing Chi por la «pajilla plateada» hacia el coxis, estirando primero de la parte posterior del perineo y la anterior del ano y después de la posterior de este último.

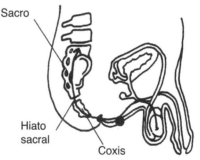

Sacro

Hiato sacral

Coxis

4. Estire del músculo existente entre la parte posterior del ano y el coxis y podrá dirigir Jing Chi hacia arriba, haciéndolo pasar por el coxis.
5. Use la mente Yi para localizar la abertura en la base del sacro llamada hiato sacral. Dirija al Jing Chi por la «pajilla plateada» hasta el interior del hiato sacral. Puede ayudarle a controlar la energía sexual el estirar suavemente de los músculos de los ojos.
6. Active la bomba del sacro estirado del fondo de éste hacia adentro y aplanando y empujando el Ming Men fuera del cuerpo. Ac-

tive la bomba del cráneo estirando del mentón y apretando la nuca y el cráneo. Esto hará que el Jing Chi suba al sacro.

7. Use la mente Yi para mantener el Jing Chi en el sacro, como si fuera un dedo tapando el extremo de la pajilla plateada.

8. Exhale y afloje las bombas del sacro y el cráneo manteniendo el Jing Chi en el sacro con la mente Yi.

9. Repita este ejercicio nueve veces, dirigiendo la energía sexual desde los testículos al perineo, el coxis y el interior del sacro. Continúe manteniendo y acumulando el Jing Chi en el sacro con la mente Yi mientras lleva hasta él más energía sexual con cada respiración.

10. Después de nueve respiraciones, imagine o sienta que está vertiendo el Jing Chi desde la cima del sacro al Tan Tien, justo debajo y detrás del ombligo.

Inmovilizar Jing Chi con la mente Yi es muy sencillo. No requiere de toda su concentración. Es como si pudiese dividir su conciencia y usar el diez por ciento de ella para almacenar Jing Chi y el resto para ayudar a elevar más energía sexual hacia el interior del sacro. Quizá note cómo se eleva la energía fría hasta el sacro o tal vez tenga la sensación de que le estén clavando alfileres en esa zona. Con la practica se hará más diestro coordinando el estirón secuencial de los músculos anteriores y posteriores del perineo, así como de los posteriores del ano y los que se encuentran por encima del coxis. No haga fuerza. Este ejercicio debe realizarlo muy suavemente.

Respiración ovárica. Tercera parte

La práctica femenina es casi idéntica a la masculina.

1. Comience con la respiración ovárica.

2. Lleve energía sexual al perineo como aprendió a hacer la semana pasada.

3. Inhale pequeñas bocanadas de aire, mantenga los labios de la

vagina ligeramente ce-
rrados y dirija Jing Chi
por la «pajilla plateada»
hacia el coxis, estirando
de la parte posterior del
perineo y de la anterior
y posterior del ano.

4. Estire del músculo existente entre la parte pos-
terior del ano y el coxis
y podrá dirigir Jing Chi
hacia arriba, haciéndolo pasar por el coxis.

5. Use la mente Jing Chi para localizar la abertura que hay en la base del sacro, el hiato sacral. Dirija Jing Chi por la «pajilla plateada» al interior del hiato sacral. Para controlar la energía sexual, puede ayudarse estirando suavemente de los músculos de los ojos.

6. Active la bomba del sacro estirando del fondo del mismo hacia adentro y aplanando y empujando el Ming Men fuera del cuerpo. Active la bomba del cráneo estirando del mentón y apretando la nuca y el cráneo. Esto hará que el Jing Chi suba al sacro.

7. Use a la mente Yi para mantener el Jing Chi en el sacro, como si fuera un dedo tapando el extremo de la «pajilla plateada».

8. Exhale y afloje las bombas del sacro y del cráneo manteniendo el Jing Chi en el sacro con la mente Yi.

9. Repítalo nueve veces, dirigiendo energía sexual desde el palacio ovárico al perineo, el coxis y interior del sacro. Continúe mante-niendo y acumulando el Jing Chi en el sacro con la mente Yi mientras lleva más energía sexual con cada respiración.

10. Después de nueve respiraciones, imagine o sienta que está ver-tiendo el Jing Chi desde la cima del sacro al Tan Tien, justo debajo y detrás del ombligo.

Como ya he dicho, las mujeres elevan Yang Jing Chi tibio, que es más liviano y menos denso que el Yin Jing Chi frío. Esta parte de la práctica puede, pues, ser más sencilla para las mujeres que para los hombres.

Respiración testicular y ovárica. Cuarta parte

Conforme el Jing Chi sube por la columna, es convertido en Chi. Es como el combustible que se convierte en energía útil. El proceso de conversión comienza en el sacro, continúa mientras la energía sexual sube por la columna pasando por el Ming Men y se completa cuando llega a un punto situado en la espalda, opuesto al plexo solar, al que se conoce como Chi Chung o punto T-11.

A medida que se eleva y es convertida en Chi, la energía sexual se hace más liviana y menos densa y, por lo tanto, resulta más fácil movilizarla. Lo más difícil es hacer que el Jing Chi comience a moverse. hacia atrás, pero una vez logrado esto, movilizarlo resulta realmente fácil.

1. Repita los ejercicios aprendidos hasta el paso 8 y mantenga el Jing Chi en el sacro.

2. Lleve más Jing Chi hacia el perineo desde los testículos/ovarios.

3. Inhale y dirija el Jing Chi por la «pajilla plateada» hacia el coxis estirando del perineo, la parte anterior y posterior del ano, así como del músculo que hay entre esta zona posterior del ano y el coxis. Al hacerlo, impulsará el Jing Chi hacia el coxis y lo hará pasar por él.

4. Dirija el Jing Chi por la «pajilla plateada» hasta el hiato sacral. Estire suavemente de los músculos de los ojos para ayudar a empujar hacia arriba el Jing Chi.

5. Active la bomba sacra estirando de la parte inferior del sacro, al tiempo que aplana y empuja las zonas baja y media de la espalda hacia afuera. Active la bomba craneal estirando del mentón y apretando la nuca y el cráneo. Esto hará que el Jing Chi suba del sacro.

6. Continúe haciendo ascender Jing Chi por la espalda a través de la pajilla plateada hasta el Chi Chung (punto T-11), el punto opuesto al plexo solar.

7. Use la mente Yi para detener el Jing Chi en el Chi Chung y extraiga más energía sexual de los testículos/ovarios.

8. Repita esta serie de ejercicios nueve veces, luego vacíe el Jing Chi del Chi Chung dentro de su Tan Tien para finalizar.

Respiración testicular y ovárica. Quinta parte

Los hombres llevan Yin Jing Chi frío al cerebro. No es en absoluto peligroso dejar esta energía allí. No le hace ningún daño al cerebro. Las mujeres, sin embargo, llevan a la cabeza energía caliente, Yang Jing Chi, que tiene que ser sacada de allí al final del ejercicio para depositarla en el Tan Tien.

Llevar energía sexual no excitada a la cabeza ejerce un efecto calmante y rejuvenecedor en el cerebro. Estas prácticas resultan básicas para que más tarde pueda llevar energía sexual excitada al cerebro.

Los monjes y monjas célibes, especialmente budistas, solían practicar la respiración testicular y ovárica que habían adoptado de los taoístas. Éstos creían que, salvo que se supiese cómo canalizar la energía sexual, el celibato era un estilo malsano de vida, que podía conducir a una conducta aberrante o causar neurosis y desvaríos de superioridad moral y espiritual en la persona. La sexualidad humana forma parte del esquema natural de las cosas. Para los taoístas, negarse esta parte separa del camino de lo natural. Si uno busca el celibato por un propósito espiritual, éste es un esfuerzo loable, pero no por ello podrá detener el funcionamiento de los órganos sexuales; simplemente les impedirá liberarse. Aquí es donde el problema a menudo se suscita. Los taoístas comprobaron que las prácticas que usted ha estado aprendiendo podían contrarrestar la tensión del celibato y, al mismo tiempo, beneficiar a la persona al permitirle llevar hasta el cerebro energía sexual convertida.

La respiración ovárica era una práctica difundida entre monjas taoístas y budistas. Se comprobó que, mediante una práctica diligente, aparte de realizar muchos de los otros ejercicios propuestos en este libro, especialmente los que trabajan el aquietamiento de la mente, el ciclo menstrual podía detenerse. Llamaban a esto «matar al dragón rojo». Esto significaba que las monjas no perdían Jing mensualmente como les ocurre a otras mujeres.

Desearía que mis lectoras femeninas se dieran cuenta del fantástico potencial de esta enseñanza. Por ello no quiero sugerir que comiencen a ejercitarse como monjas. Una monja taoísta practica ría Kung Fu ovárico en serio para hacer que su sangrado mensual efectivamente se detuviese. Su cuerpo se rejuvenecería como el de una niña y sus senos se encogerían. Bueno, eso es pedir mucho de usted.

El potencial del que estoy hablando es la capacidad de conservar su energía, aunque sólo se trate de una pequeña cantidad cada mes. La respiración ovárica le ayudará a conservar algo de Jing original cada mes, mientras que en otras circunstancias se perdería al salir de su cuerpo junto con su sangre. Cuanto más Jing original pueda guardar en su cuerpo, más podrá prolongar sus años de vida.

Recuerde: Nacimos con una cantidad determinada de Jing original, que, según los taoístas, está almacenado en los riñones, los órganos que lavan nuestra sangre. Cada mes una pequeña cantidad de esta energía abandona el cuerpo con la menstruación o, en el caso de los hombres, cuando eyaculan. El Jing es nuestra esencia, compuesta de todos los fluidos corporales y hormonales. El Jing sexual es la forma más poderosa de esencia del adulto y a lo largo de este libro nos hemos referido a él denominándolo Jing Chi: energía sexual.

Conforme el Jing Chi sube por la columna es convertido en una forma especial de Chi que tiene un efecto rejuvenecedor no sólo sobre la misma columna vertebral, sino también sobre el sistema nervioso y el cerebro. A este Chi especial también se le llama Jing Chi: la esencia que el cuerpo puede almacenar se ha convertido en energía que puede usar. El Jing Chi es mucho más espeso y denso que el Chi que circula en los ejercicios de la órbita microcósmica. Ese Chi se calienta en la estufa antes de hacerlo circular y después se mueve fácilmente guiándolo con la mente y bombeándolo con la respiración.

En la respiración testicular y ovárica, el Jing Chi no está excitado y se lleva hacia el cerebro a través de la «pajilla plateada», como si absorbiera pequeñas bocanadas de aire bombeadas por contracciones de los testículos o los labios vaginales. Puede hacer que quede retenido usando un dedo imaginario. Si pudiese ver el Jing Chi con los ojos internos, se le aparecería como una densa niebla blanca subiendo por su columna convertida en crema.

Cuando con el tiempo el cerebro se llena de Jing Chi, secreta una sustancia amielada del área de la pituitaria que parece atravesar la bóveda de la boca hasta alcanzar la punta de la lengua alzada. Esta sustancia tuvo diversos nombres. «Néctar celestial» o, sencillamente, «néctar» tal vez fueron los más populares. No espere que esto suceda esta semana. Pueden pasar años antes de que algo así le ocurra o puede que tenga esa experiencia mañana. No espere nada. Ésa es la verdadera actitud taoísta. Si espera algo ya ha comenzado a formular lo que espera que suceda. Tener alguna noción preconcebida acerca de lo que debe suceder lo separa de lo que en realidad está pasando y puede llevarlo a perdérselo cuando en realidad ocurra, porque no es lo que esperaba. Actúe como si no importara si sucede o no. Éste es el significado de estar sin «deseos».

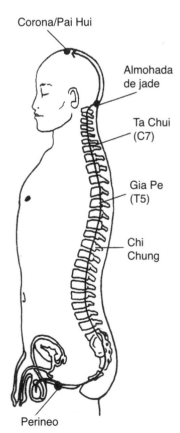

Corona/Pai Hui

Almohada de jade

Ta Chui (C7)

Gia Pe (T5)

Chi Chung

Perineo

La respiración testicular y la ovárica son ejercicios muy útiles para aprender a controlar nuestra energía e impulso sexual. Como dicen los taoístas «se domina o se está dominado por el sexo». Los hombres notarán que la respiración testicular tiende a refrescar una imaginación sexual demasiado activa. Esto ayuda a dominar al poderoso impulso sexual Yang con serena, suave y curativa energía sexual. Con el tiempo despliega la destreza de desapegarse del poderoso influjo que el sexo teje sobre nosotros. Ello no quiere decir que vaya a ser menos sexuado (quizá lo sea más), o que vaya a disfrutar menos del sexo (probablemente lo disfrutará más). Lo que significa es que desperdiciará menos energía pensando o fantaseando sobre el sexo, lo que le hará ganar más tiempo para practicar yoga taoísta.

Hombres:

1. Repita los ejercicios anteriores hasta el paso 8. Está usando su mente Yi como si fuera un dedo, a fin de retener la energía sexual en el punto Chi Chung.

2. Concéntrese de nuevo en los testículos. Inhale y estire con suavidad de ellos hacia arriba al tiempo que contrae ligeramente el perineo, las partes anterior y posterior del ano y el músculo existente entre éste y el coxis. Guíe la energía sexual por la «pajilla de plata», pasando por el perineo. Conduzca el Jing Chi a través del hiato sacral y active las bombas del sacro y del cráneo, para hacer pasar la energía por el sacro, el Chi Chung, la parte posterior de la nuca y la almohada de jade (Yu Chen), situada en la base del cráneo. Ésta también es la ubicación de la bomba del cráneo. Repita este ejercicio nueve veces.

3. Manteniendo la energía sexual en la almohada de jade, devuelva su atención a los testículos y repita el proceso llevando el frío Yin Jing Chi por todo el recorrido hasta la cúspide del cerebro, el punto de la corona o Pai Hui. Puede localizar la ubicación correcta de este centro imaginándose una línea que recorre la parte superior de su cabeza conectando los puntos más altos de cada oreja y es cruzada por otra línea, trazada directamente hacia atrás

desde la punta de la nariz. El punto de la corona está más o menos en la intersección de ambas, es decir, en medio del cráneo.

4. Repita el ejercicio nueve veces.

5. Déle vueltas al Jing Chi en la cabeza. Use su mente Yi para dar treinta y seis vueltas en un plano horizontal dentro de la cabeza, en el sentido de las agujas del reloj (yendo de la parte frontal hacia atrás por la derecha y volviendo a la zona de la frente por la izquierda). Invierta el sentido y dé veinticuatro vueltas. Puede dear que la energía se quede en la cabeza.

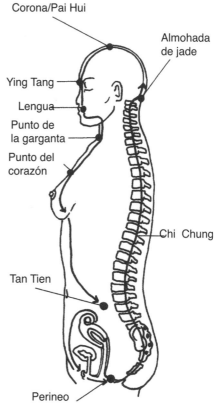

Mujeres:

1. Repita el ejercicio anterior hasta el paso 8. Está usando la mente Yi como un dedo imaginario para retener la energía sexual en el punto Chi Chung.

2. Concéntrese de nuevo en los ovarios y el palacio ovárico. Inhale cortas bocanadas de aire y cierre con suavidad los labios de la vagina al tiempo que contrae ligeramente el perineo, las partes anterior y posterior del ano y el coxis y guía la energía sexual a través de la «pajilla plateada» para que pase por el perineo. Introduzca Jing Chi por el hiato sacral y active las bombas del sacro y del crá-

neo al tiempo que la energía sexual se eleva pasando por el sacro y el Chi Chung hasta la almohada de jade (Yu Chen), situada en la base del cráneo. Ésta es también la ubicación de la bomba del cráneo. Repita este ejercicio nueve veces.

3. Manteniendo la energía sexual en la almohada de jade, concéntrese de nuevo en los ovarios y el palacio ovárico y repita el proceso llevando Yang Jing Chi caliente por todo el recorrido hasta la cima del cerebro, el punto de la corona o Pai Hui. Puede localizar la ubicación correcta de este centro imaginándose una línea que recorre la parte superior de su cabeza conectando los puntos más altos de cada oreja y es cruzada por otra línea, trazada directamente hacia atrás desde la punta de la nariz. El punto de la corona está más o menos en la intersección de ambas, es decir, en medio del cráneo.

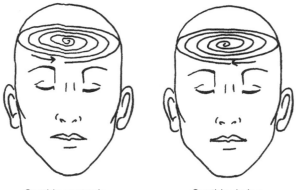

Sentido contrario
de las agujas del reloj

Sentido de las
agujas del reloj

4. Repita él ejercicio nueve veces.

5. Déle vueltas al Jing Chi en la cabeza. Use su mente Yi para dar treinta y seis vueltas, en un plano horizontal, en sentido contrario a las agujas del reloj (yendo de la frente hacia atrás por la izquierda y regresando a la parte frontal por la derecha). Invierta la dirección y dé veinticuatro vueltas.

6. Coloque la punta de la lengua en la bóveda de su boca. Encuentre el lugar más cómodo para su lengua. Permita que fluya la energía sexual desde el cerebro, desde el punto del tercer ojo,

hacia abajo. La energía pasa por su lengua levantada y desciende por su garganta hasta el punto del corazón, situado en el centro del esternón (hueso pectoral).

7. Deténgase en ese punto y sienta cómo se expande la energía sexual y se transforma en sonriente energía amorosa. Notará cómo esta sensación se extiende por todo el pecho hasta sus senos.

8. Trague saliva y haga descender el amoroso Jing Chi hasta el interior del Tan Tien inferior, situado por debajo y ligeramente por detrás de su ombligo.

Hombres y *mujeres:*
Si ha decidido dedicar dos semanas a esta lección —posibilidad que señalé al principio—, la primera (o durante unos días) puede practicar llevando energía sexual hasta la almohada de jade y la siguiente semana puede llevar el Jing Chi hasta el Pai Hui, punto de la corona. En realidad no hay prisa, tiene el resto de su vida para terminar este trabajo.

Cuando sienta que domina esta técnica, le será posible succionar Jing Chi hacia el extremo superior de la «pajilla plateada», haciendo el recorrido completo, es decir, desde los testículos/ovarios hasta la cima de la cabeza en una respiración. ¡Pero esto sólo lo conseguirá hacer si practica!

Compresión del escroto y los ovarios

Con la compresión del escroto y los ovarios, también conocida como respiración de compresión, pasamos a una técnica totalmente nueva de Kung Fu sexual, gracias a la cual tendré, finalmente, la oportunidad de enseñarle cómo tragarse la respiración.

Tragarse la respiración es en esencia una técnica similar a tragar saliva, sólo que la boca está llena de aire y éste debe ser tragado con fuerza, emitiendo el sonido de engullir. El yoga taoísta da varios usos a esta técnica. Uno básico es forzar más aire dentro de los pulmones cuando parecen ya estar llenos. También es una técnica excelente para aflojar una garganta estrecha y apretada. Pruébela.

Tragar aire o saliva en el momento en que se recibe el impacto de un golpe o patada estaba entre las técnicas más secretas de los expertos en artes marciales taoístas. Sumaba tremendo poder cuando estaba coordinada con el golpe. Por otra parte, tragar aire era la práctica principal de los maestros taoístas, que vivían prácticamente sólo de eso, de aire. Eran «oreófagos». Muchas de sus prácticas están documentadas y registradas en el canon taoísta. La práctica básica consiste en tragar aire como acabo de describir, pues si se practica suficientemente, parece inhibir el apetito. Aunque el mecanismo exacto es desconocido, parece ser que al oxígeno le es posible traspasar las paredes del bajo abdomen. A los maestros taoístas «comedores de aire», después de años de práctica, les era posible subsistir casi exclusivamente de este elemento. Eventualmente todas sus funciones fisiológicas se hacían lentas, hasta el punto de que sus cuerpos parecían estar en suspensión animada. Habiendo también desarrollado el cuerpo espiritual, su conciencia podía entrar y salir de sus cuerpos de forma voluntaria. Por lo visto estos adeptos taoístas podían sobrevivir en este estado durante períodos muy largos, que a nosotros pueden parecernos muchas vidas.

Personalmente, nunca he conocido ni conozco a nadie que practique esta forma de vida, pero por las traducciones de textos taoístas auténticos que he consultado, estoy seguro de que sí existieron alguna vez, y vivieron en retiros montañosos en la antigua China.

La compresión del escroto u ovarios proporciona otro uso de la técnica de tragar la respiración. La respiración se traga y, una vez comprimida, se la moviliza hacia abajo para que recorra el cuerpo en forma de pelota. Ésta, finalmente, es empujada y comprimida dentro del escroto u ovario, dando como resultado un tremendo impulso de energía sexual. La respiración de compresión magnifica los beneficios de ambas respiraciones, del escroto u ovarios, que terminamos la semana pasadas. Tanto a los hombres como a las mujeres, si se practica de forma regular, les ayuda a aliviar condiciones de baja energía y fatiga. Asimismo favorece el aprendizaje de dirigir' energía dentro y fuera de las regiones pélvica y sexual. Es una forma excelente para llenar de energía el cuerpo, especialmente si se siente decaído o débil. Funciona como tónico general del sistema nervioso, además de disminuir el nerviosismo y hacer desaparecer el insomnio.

El ejercicio es prácticamente idéntico para hombres y mujeres, pero los beneficios son diferentes para uno y otro sexo.

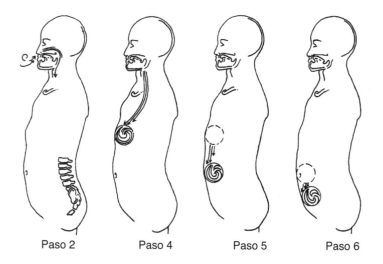

Paso 2   Paso 4   Paso 5   Paso 6

A los hombres este ejercicio les ayuda a prevenir la eyaculación precoz y pérdida de semen durante la noche a causa de sueños eróticos; les fortalece los músculos de toda la región sexual y les ayuda a calmar los deseos sexuales sobreexcitados. Aún más importante, comprime el Chi, extraído del aire que respiramos, dentro de los testículos para fortalecer el Jing Chi.

En las mujeres algunos de los beneficios son iguales y otros, muy distintos. Aumenta la fuerza de los músculos vaginales, además de fortalecer la cerviz y los ovarios. Pero mientras que la compresión del escroto ayuda a los hombres a controlar su sexualidad, la compresión de los ovarios tiene el efecto opuesto en las mujeres. Mediante la compresión de Chi dentro de los ovarios y la vagina, esta área se calienta y se crea más Van Jing Chi. Cuando los órganos sexuales están calientes, las mujeres se excitan más rápido y les es más fácil alcanzar el orgasmo. Recuerden: las mujeres no pierden Jing a causa del orgasmo, sólo los hombres.

Como ya he señalado, la forma de realizar el ejercicio es básicamente idéntica para hombres y mujeres; sólo hay ciertas variaciones en los pasos finales. Así pues, en primer lugar describiré los primeros pasos, comunes para ambos sexos, y luego terminaré con instrucciones separadas para hombres y mujeres.

Este ejercicio puede realizarse sentado, de pie o acostado. Vaya describir la posición de pie. Use ropa holgada. Los hombres deben llevar calzoncillos que permitan que los testículos cuelguen libremente.

1. Debe tener los pies paralelos y separados a la altura de los hombros. Toque con la punta de la lengua el paladar.
2. Haga una respiración inversa, lentamente a través de la nariz. Inspire hasta que el aire llene su garganta y no pueda inhalar más.
3. Tráguese el aire haciendo el sonido de engullir.
4. Lleve el aire hacia el plexo solar y empuje esta zona hacia afuera. Sienta o imagine que el aire que está dentro de su cuerpo se comprime en forma de pelota. No emplee mucha fuerza cuando empuje el plexo solar hacia afuera.
5. Empuje o haga rodar la pelota de aire hacia el ombligo. Estire hacia afuera del ombligo.
6. Empuje o haga rodar la pelota hacia el bajo abdomen y suavemente ejerza presión sobre ella empujándola hacia afuera contra la pared abdominal.

Hombres:

7. Empuje o haga rodar la pelota de aire hacia el escroto (bolsa que contiene los testículos), contrayendo los músculos abdominales hacia abajo como una ola pequeña.

8. Mantenga la lengua levantada, tocando la bóveda de la boca. Empuje con fuerza y comprima la pelota de aire dentro del escroto durante el mayor tiempo posible, al menos diez segundos. A medida que practica vaya aumentando el tiempo hasta llegar a un minuto o más. Detenga la respiración mientras empuja.

9. Al mismo tiempo estruje el perineo y el ano para evitar pérdida de energía.

10. Exhale y relájese completamente.

11. Haga unas cuantas respiraciones abdominales cortas y rápidas (respiración de fuelle). Vuelva después a la respiración normal.

12. Repita un mínimo de tres veces por sesión esta secuencia y aumente este número a medida que vaya sintiéndose preparado.

13. Concluya girando la cintura como en el ejercicio de atornillar las caderas de la octava semana, descrito en el apartado de automasaje taoísta de rejuvenecimiento.

Mujeres:

7. Contraiga los músculos abdominales en un movimiento como de ola para empujar la pelota de aire hacia los ovarios, donde se repartirá por ambos lados del cuerpo.

8. Estruje apretando los labios interiores y exteriores de la vagina, así como el perineo y el ano.

9. Empuje con fuerza y comprima el aire dentro de los ovarios durante por lo menos diez segundos. Vaya aumentando este tiempo hasta aguantar un minuto o más. Detenga la respiración mientras empuja y comprime.

10. Al tiempo que comprime el aire hacia abajo empújelo a la vagina, y sentirá como si ésta se estuviese expandiendo.

11. Exhale y relájese completamente.

12. Haga unas cuantas respiraciones abdominales cortas y rápidas (respiración de fuelle). Vuelva después a la respiración normal.

13. Repita esta secuencia un mínimo de tres veces por sesión y aumente este número conforme se sienta capaz de ello.

14. Concluya girando la cintura como en el ejercicio de atornillar las caderas que aprendió la octava semana en el aparta do de automasaje taoísta de rejuvenecimiento.

Al principio de la práctica puede sufrir de ventosidades, lo que es una de las razones por las cuales el ano y el perineo se aprietan durante la compresión. Una vez domine este ejercicio, ese problema desaparecerá.

La respiración de compresión es una técnica pode rosa. Sentirá sus efectos casi de inmediato. Puede hacer este ejercicio solo o antes de hacer la respiración testicular/ovárica. Con un poco de práctica, notará cómo el Jing Chi sube disparado por su columna vertebral hasta su cabeza. Las mujeres deben acordarse de bajar esta energía caliente al Tan Tien. Los hombres también pueden hacerlo para evitar acumular presión en el cráneo.

El candado del poder

En este ejercicio los hombres y las mujeres aprenden a hacer ascender energía sexual excitada por la columna hasta el cerebro. El recorrido es el mismo que el seguido en la respiración testicular/ovárica.

Éste es un ejercicio de autocultivo, lo que significa que no se requiere pareja. Cada uno debe excitar a solas el Jing Chi. En el caso de los hombres, deben masturbarse para excitarse hasta el punto previo al orgasmo, deteniéndose antes de llegar al «punto sin retorno». Las mujeres deben masajearse los senos para excitarse y dirigir estos sentimientos sexuales a sus ovarios y vagina. Luego use la masturbación para excitarse aún más. Cuando se sienta excitada o haya alcanzado el orgasmo, puede comenzar a efectuar la succión orgásmica. Las mujeres no pierden Jing durante el orgasmo, por lo que pueden elevar energía orgásmica real. Sin embargo, esto puede ser demasiado poderoso al principio, así es que es mejor comenzar el ejercicio antes de alcanzar el orgasmo y continuar practicando hasta que se sienta preparada.

En una inversión del método usado en la respiración testicular, la energía sexual excitada que hacen ascender los hombres es energía Yang Jing Chi caliente que no puede quedar almacenada en la cabeza. Debe bajarse al Tan Tien o hacer que circule por la órbita microcósmica. Aprenderá a hacerlo esta semana. Sin embargo, la energía sexual excitada de las mujeres es Yin Jing Chi y pueden dejarla en la cabeza, o bien optar por bajarla al Tan Tien o hacerla circular por la órbita microcósmica.

Los ejercicios del candado del poder fortalecen la columna y aportan energía rejuvenecedora muy poderosa al cerebro.

La gran succión para los hombres

La gran succión le ayudará a controlar el flujo externo de semen. La energía se empuja hacia atrás y se hace ascender por la columna hasta la cabeza. No me refiero al semen, sino a la esencia de la energía sexual.

Es un ejercicio poderoso y es importante que lo practique para que pueda dominarse durante las prácticas de cultivo dual con una compañera. Puedo asegurarle que se divertirá.

Mientras realiza el ejercicio, experimentará un montón de cosas al mismo tiempo, con las que ya debe estar familiarizado. Al absorber la energía sexual haciéndola ascender por la columna, cierre los ojos y mire hacia el punto de la corona. Esto le ayudará a elevar el Jing Chi. Debe mantener los brazos a los costados y apretar y estirar ambas manos, cerradas en un puño. También debe estirar del músculo de las mandíbulas para activar la bomba del cráneo. Los detalles restantes los expongo, paso a paso, a continuación.

1. Póngase de pie y separe las piernas a la altura de los hombros. Las rodillas deben estar ligeramente flexionadas (postura de jinete). Use ropa holgada o, sencillamente, permanezca desnudo de cintura para abajo.

2. Estimule su pene con una mano hasta conseguir una erección.

3. Continúe masturbándose hasta que se sienta próximo al orgasmo. Si alcanza el «punto sin retorno», emplee rápidamente el método de los tres dedos para presionar sobre el punto del millón de dólares, del cual hablamos en la tercera semana, en el apartado de Kung Fu seminal para hombres. De esta forma podrá evitar la pérdida de semen.

4. Inhale profundamente, apriete los puños y estire de ellos con fuerza hacia abajo, a ambos lados de los muslos.

5. Al mismo tiempo apóyese bien en el suelo, afianzando los pies en él. Apriete las mandíbulas, active la bomba del cráneo y levante la punta de la lengua hacia la bóveda de la boca.

6. Sin exhalar, inspire de nuevo y estire hacia arriba de los genitales, el ano, el perineo, el diafragma urogenital, apretando cerrado el pene.

7. Cierre los ojos y mire hacia el punto de la corona. Dirija mentalmente hasta él el Jing Chi haciéndolo pasar por el hiato sacral, la columna y la almohada de jade. Trate de activar la bomba del sacro; al principio le será difícil a causa de la poderosa naturaleza del Jing Chi excitado.

8. Detenga su respiración y permanezca flexionado mientras cuenta hasta nueve.

9. Exhale y reléjese.

10. Si aún conserva la erección, repita el ejercicio.

11. Al tratar la respiración testicular y ovárica, haga dar vueltas al Jing Chi en su cabeza. Pero en esta ocasión debe empezar haciéndolo en dirección contraria a la de las agujas del reloj (desde delante

hacia atrás por el lado izquierdo y, luego, de atrás hacia adelante por el derecho). Puede hacer nueve, dieciocho o treinta y seis vueltas en el sentido contrario al de las agujas del reloj y el mismo número invirtiendo la dirección.

12. Cuando termine, toque el paladar con la punta de la lengua y haga descender el flujo del Chi por el canal funcional hasta el Tan Tien o hágalo circular por la órbita microcósmica.

La succión orgásmica para las mujeres

1. Siéntese manteniendo los pies apoyados en el suelo o puede permanecer de pie con las piernas abiertas a la altura de los hombros y las rodillas ligeramente flexionadas (posición de jinete).

2. Comience masajeándose los senos. Experimentará sensaciones eróticas en los senos, el clítoris y la vagina.

3. Concéntrese en los pezones y dirija la excitación sexual de los pechos hacia los ovarios.

4. Permita que la energía sexual se expanda por el palacio de los ovarios y dentro de los genitales.

5. Comience a masturbarse. Cuando se acerque o se encuentre en medio de un orgasmo, haga una inhalación profunda, apriete los puños y estire con fuerza de ellos hacia abajo, a ambos lados de los muslos.

6. Al mismo tiempo presione con los pies contra el suelo, apriete las mandíbulas, active las bombas del sacro y el cráneo y levante la punta de la lengua hasta tocar con ella el paladar.

7. Sin exhalar, inspire de nuevo y estire hacia arriba de los genitales, el ano, el perineo y el diafragma urogenital, apretando los labios de la vagina.

8. Cierre los ojos y mire hacia el punto de la corona (Pai Hui). Dirija mentalmente hacia él el Jing Chi desde el palacio ovárico, pasando por el perineo, el hiato sacral, la columna y la almohada de jade. Siéntase a usted misma succionando la energía sexual desde el palacio ovárico hasta el punto de la corona.

9. Continúe haciendo ascender Jing Chi por la columna hasta el punto de la corona. Inhale una bocanada de aire cada vez que realiza una succión de energía sexual excitada.

10. Cuando sus pulmones estén llenos, exhale. Luego inhale de nuevo y continúe succionando energía sexual hasta que la sensación de excitación en sus genitales disminuya.

11. Haga girar el Jing Chi dentro de su cabeza. Pero en esta ocasión debe comenzar haciendo girar la energía en el sentido de las agujas del reloj (desde delante hacia atrás por el lado derecho y, luego, desde atrás hacia adelante por el lado izquierdo). Puede hacer nueve, dieciocho o treinta y seis vueltas en el sentido de las agujas del reloj y el mismo número hacia el lado contrario.

12. Cuando termine, relájese y descanse un rato.

13. El Yin Jing Chi frío puede quedarse en el cerebro, pero si lo prefiere puede hacerlo descender por el canal funcional hasta el Tan Tien o bien hacerlo circular por la órbita microcósmica.

La energía que siente en su cuerpo después de hacer este ejercicio puede llenarle de sentimientos de amor universal y compasión. Los taoístas, influidos por los budistas, creen que la compasión es la emoción humana más elevada. Es la quinta esencia de todas las emociones positivas.

► Kung Fu sexual: cultivo dual

El cultivo dual es un vasto campo de conocimiento y práctica. La premisa básica de todas estas prácticas es equilibrar las energías Yin y Yang.

Las antiguas prácticas taoístas son en cierta medida inapropiadas para los tiempos modernos, ya que implicaban la participación de un hombre practicando el Kun Fu sexual con varias mujeres en una sola noche. En cuanto el hombre se sentía lo suficientemente excitado cambiaba de pareja. Durante la noche evitaría eyacular. Después de horas de éxtasis, la noche se disiparía en el olvido del sueño o un amanecer energetizado.

Aunque lo anterior pueda parecer la fantasía de todos los hombres y la pesadilla de las feministas, un poco de teoría nos ayudará a entender qué estaba sucediendo en cuanto a la energía. No trato de dar mi punto de vista respecto a la propiedad de estas prácticas. Ocurrieron en una época diferente, en una cultura distinta, que tenía otros valores. Para que el cultivo dual pueda ocurrir, el hombre debe absorber la energía femenina y la mujer debe absorber la masculina. Aquí están los secretos de antaño acerca de esta energía.

La energía sexual femenina no se pierde a través del orgasmo. De hecho aumenta cuando es excitada. Esta energía también aumenta geométricamente con cada mujer adicional añadida a la experiencia, siempre y cuando haya un hombre presente. Por ello, dos mujeres crearán un campo de energía sexual cargada cuatro veces más poderoso que el de una sola mujer; tres mujeres crearán un campo de energía sexual ocho veces más poderoso que el de una sola mujer, y así sucesivamente... El número preferido entre los taoístas parece que era de tres a cinco mujeres, aunque algunas fuentes antiguas mencionan diez. Las mujeres participaban haciendo el amor entre ellas y con el hombre. Dentro de este campo cargado (le energía sexual encontramos a un solo hombre taoísta, no dos o tres. Hay dos razones básicas para ello. En primer lugar, se lleva a cabo este encuentro sexual por motivos de salud y longevidad y no para satisfacer deseos carnales. En segundo lugar, la energía sexual masculina es limitada. Dos o más hombres en interacción tenderían a anularse unos a otros su respectiva sexualidad. Puede ser un ejemplo de esto el hecho de que si se mezclan células de esperma de diferentes hombres, éstas acaban luchando entre ellas. Si se creara un campo sexual Yang de tal intensidad inicial, se quemaría a sí mismo en el orgasmo masculino y se perderían todos los efectos beneficiosos que hubieran podido lograrse.

Un solo varón podía sacar ventaja del intenso campo sexual formado con múltiples parejas femeninas si lograba controlar su orgasmo y eyaculación. Su Yang Jing Chi continuaba expandiéndose en intensidad mientras no eyaculara. Por su parte, las mujeres podían absorber la energía masculina intensamente excitada y beneficiarse del campo de energía propiciador de equilibrio y de salud creado por la interacción del hombre con las mujeres y de las mujeres entre ellas. Las energías Yin y Yang quedaban así equilibradas. Nadie perdía. Todos ganaban en estas sesiones. Todo ello ocurría en una cultura ajena al concepto del pecado original o culpa sexual.

En el pasado, las relaciones sexuales entre un hombre y varias mujeres taoístas no eran consideradas una orgía, sino prácticas médicas. Las artes de la alcoba formaron parte de la medicina tradicional china hasta que fueron suprimidas por una dinastía mojigata y conservadora hace mil años. Estas artes de la alcoba desarrollaron reglas y regulaciones bien definidas. Había varias posiciones sexuales utilizadas para curar diferentes enfermedades. Imagínese que su médico taoísta le recetase tener relaciones sexuales para recobrar y mantener su salud. ¡Adoro la mentalidad taoísta! Cualesquiera que fuesen los propósitos, las relaciones sexuales de un hombre con múltiples compañeras no cuentan con la aprobación de la moral reinante en nuestro mundo moderno.

La forma de pensar del taoísta moderno es algo distinta a la del antiguo sabio. Cada mujer tiene una fuente inagotable de energía sexual a su disposición. Si esta energía es manejada de la forma apropiada, la sexualidad puede ser usada para fortalecer, curar y formar un lazo de unión poderoso entre la mujer y el hombre, y no es necesario que éste requiera de varias compañeras. De hecho, la regla básica moderna es que la mujer tenga múltiples orgasmos mientras que el hombre no eyacula, aunque puede tener un orgasmo y bloquear el punto del millón de dólares para conservar todo o casi todo su semen. El empleo de la gran succión y de la succión orgásmica hace posible el cultivo dual, y ya le he mostrado cómo puede practicarlo a solas. Ahora sólo tiene que aprender a hacerlo en pareja.

➤ Crear el ambiente

El cultivo dual está basado en sesiones de sexo de una, dos o más horas. Crear el ambiente apropia do ayuda a poner en marcha las cosas.

No es necesario nada complicado. Basta con ordenar la habitación que se va a usar, si está desordenada, y limpiarla, a fin de crear un entorno más propicio para hacer el amor de forma controlada.

Si la sesión es nocturna deben utilizarse velas o luces tenues. Es importante poder ver a su pareja. La oscuridad total no propicia el sexo taoísta prolongado.

Música suave, música *new age* o jazz ligero suelen ser apropiados, aunque siempre se debe tener en cuenta su estado de ánimo y el de su pareja. El rock duro y otras formas de música ruidosa pueden resultar físicamente excitantes, por lo que deben ser evitadas.

Una copa de vino le ayudará a relajarse, caliéntese por dentro y encuentre el estado de ánimo propicio. He dicho una copa de vino, pero, bueno, también pueden ser dos. De todas formas, no debe beber más, pues el alcohol podría interferir en sus capacidades de concentración y actuación.

Mantak Chia recomienda ver películas eróticas, si ello no incomoda a su pareja. Ver y escuchar a hombres y mujeres manteniendo relaciones sexuales resulta muy estimulante para algunas personas, mientras que para otras tiene el efecto contrario. Si la visión de este tipo de películas excita demasiado al hombre y no puede evitar su orgasmo, deben evitarse.

Si sabe exactamente qué cosas les resultan agradables a usted y a su pareja para crear el ambiente apropiado, desde luego no dude en hacerlas. Cada uno de nosotros es diferente, y tiene distintos gustos y preferencias. Atiéndalos.

Caricias preliminares

Las caricias preliminares desempeñan un papel muy importante en el sexo taoísta. Partiendo de la búsqueda de un sexo lento y relajado, el juego erótico preliminar puede prolongarse durante bastante tiempo antes de realizar el coito; a veces este juego de caricias puede durar más de una hora.

Es esencial que tanto el hombre como la mujer estén muy excitados. Existen antiguos textos taoístas que describen las diferentes etapas de excitación sexual por las que pasan los hombres y las mujeres. Lo importante es que ambos se sientan plenamente excitados, pues si el hombre, excitado, presenta erección, pero la mujer aún está seca, entonces todavía no ha llegado el momento del coito. Y si la mujer está húmeda y excitada, pero el hombre aún está fláccido, tampoco están listos. Los taoístas llamaban a esto «pescados muertos llegando al agua».

El juego de las caricias preliminares es un tema algo complejo porque no a todas las personas les excitan las mismas cosas. Desde luego tocarse, acariciar con ternura y besarse siempre es una buena manera de comenzar.

Los taoístas creían que la saliva tenía propiedades curativas y equilibradoras. Tragarse la saliva de la pareja al tiempo que se la besa es uno de los medios básicos de intercambio de energía Yin-Yang que pueden experimentar un hombre y una mujer. Recomendaban especialmente que el hombre chupara la lengua de su compañera, tanto por la sensación erótica (no chupe demasiado fuerte) que produce, como porque al hacerlo se estimula el flujo de saliva de debajo de la lengua. Los taoístas se referían a la lengua femenina como el «pico del loto rojo» y a su medicina (saliva) la llamaban «líquido de jade».

Masajear, acariciar, sobar, lamer y chupar los pechos de la mujer es otra piedra angular de esta primera etapa. El pezón es muy sensible antes de que la mujer esté del todo excitada. Por ello, evite apretarlos o pellizcarlos hasta que su compañera se halle obviamente excitada y sus pezones estén erectos. Los taoístas creían que una medicina o elixir manaba de los pezones de la mujer o «castañas gemelas de loto». A esta medicina la llamaban «nieve blanca». Cuando el hombre mama del pezón de una mujer y se traga la nieve blanca, fortalece su bazo y su tercer tesoro, Shen. Aunque los textos taoístas se refieren a su color como blanco y a su sabor como dulce y delicado, se trata de una licencia poética, y desde luego es algo que no puede ser visto por los ojos externos. Tampoco se referían a la leche materna porque el mismo texto dice que la mujer que nunca ha tenido un bebé tiene las castañas más poderosas. No estoy seguro de si esto se considera algo cierto hoy en día. Al mamar los pezones de la mujer se favorece la abertura de sus meridianos Chi, se la ayuda a relajar su mente y su cuerpo y se estimula el flujo de fluidos sexuales en su vagina.

Los pezones masculinos suelen estar poco atendidos en la literatura sexual occidental. No se les da la importancia que merecen en nuestra cultura sexual. Sin embargo, cuando el hombre está muy excitado, sus pezones también pueden ser sexualmente estimulantes. En la literatura taoísta, una mujer mamando el pezón masculino era un signo de extrema excitación femenina.

En la tradición taoísta las mujeres tienen tres picos de gran medicina: la lengua, los pezones y la vagina. Los taoístas llamaban a este último pico «fuente de jade», «cueva del tigre blanco» o «abertura misteriosa», por mencionar sólo algunos de los términos que utilizaban. A su medicina se la conocía como «flor de luna». Para esto fue creado el Kung Fu de la lengua. Cualquier hombre con la debida diligencia puede convertirse en un maestro de este arte. La higiene personal es muy importante en esta práctica. La absorción de flor de luna fortalece la energía Yang y nutre el tercer tesoro, el espíritu, que es la forma superior de Shenz.

Desde luego, no debe ser olvidada la práctica de «tocar la flauta», En la literatura de alquimia sexual se dice que tocar la flauta abre el camino de la columna, permitiendo que el Jing Chi se convierta en Chi y suba por la columna vertebral hasta el punto de la corona (Pai Hui), donde es convertido en Shen, energía espiritual. Por ello, desde el punto de vista energético, en el cultivo dual era importante el sexo oral que la mujer practicaba a su compañero.

Tocar la flauta también estimula a la mujer y le ayuda a abrir su cavidad misteriosa (le excita y provoca la aparición de fluidos sexuales). La literatura taoísta original no dice mucho acerca de la técnica de la felación. Desde luego emplee el Kung Fu de la lengua, aunque sólo esto no es suficiente. La dejaré en este punto para que haga valer sus propios recursos; sólo quiero señalarle tres reglas: a) hágalo; b) no muerda; y c) no excite a su compañero hasta el «punto sin retorno» que lo conduzca a la eyaculación (si lo hace, le pido que siga practicando hasta que le salga bien).

Usar su mano y dedos para explorar y masturbar los genitales de su compañero forma parte del juego erótico preliminar. Hay personas que se excitan viendo masturbarse a su pareja.

La meta de esta primera etapa es excitar a ambos miembros de la pareja, pero especialmente a la mujer. Si puede alcanzar uno o dos orgasmos antes del coito, mejor. Por su parte, el hombre, aunque excitado, debe conservar la serenidad y evitar la eyaculación. Si comienza a derramar semen, use el método de bloquear con los tres dedos en el punto del millón de dólares. Desde luego no es efectivo al cien por cien, pero ayuda al hombre a conservar del cuarenta al ochenta por ciento de su Jing Chi, que de otra manera resultaría perdido. En las prácticas antiguas, el campo de energía sexual creado por un hombre y varias mujeres era fácil de encender. Si se lo proponen un hombre y una mujer pueden crear este tipo de energía sexual altamente cargada. ¿Qué podría ser más divertido que esto?

➤ *Coito*

Aquí tenemos tres objetivos:

- 1. Practicar un sexo erótico, prolongado y lento.
- 2. Atraer energía sexual a la cabeza empleando la gran succión o la succión orgásmica.
- 3. Intercambiar energía con nuestra pareja.

Para alcanzar el sexo prolongado, las enseñanzas taoístas recomiendan que la mujer sea una participante más activa y el hombre más pasivo, para lo cual se aconsejaba la postura en que la mujer está encima. Se alentaba al hombre a que mantuviese calmada su mente a fin de no perder el control y eyacular. Se usaban técnicas que combinaban penetraciones largas y cortas del pene en la vagina. La más popular era la conocida como «nueve a uno», que permitía nueve penetraciones superficiales seguidas por una profunda. Es difícil eyacular cuando se está contando. Además, es una práctica que resulta muy estimulante para la mujer. Intente comenzar con tres a una (tres superficiales y una profunda) y vea qué sucede. Podría gustarle.

Cuando el hombre está próximo al orgasmo, debe dejar de efectuar penetraciones y permitir únicamente que el bálano (la cabeza del pene) quede dentro de la vagina. Esto lo pondrá en contacto cercano con el llamado punto G de la mujer. Apriete cuanto pueda el diafragma urogenital, situado en la base del pene, y haga la gran succión. Apriete los glúteos y los dientes al tiempo que coloca la lengua en la bóveda de la boca. Cierre fuertemente los puños y empújelos hacia los pies. Detenga la respiración. Active las bombas del sacro y del cráneo y contraiga el área del perineo nueve veces al tiempo que mira hacia el punto de la corona y succiona la energía sexual para que ascienda por la columna vertebral, pase por la nuca y llegue a la cabeza. Cuando el pene comience a ablandarse, empiece de nuevo a penetrar lentamente. La mujer debe estar al tanto de lo que hace el hombre y abstenerse de empujarlo sobre el extremo orgásmico cuando está tratando de aplicar la gran succión. Una vez que el hombre haya completado la primera tanda de gran succión, su cuerpo se llena de energía Yang caliente. Éste es el momento en que la mujer debe realizarse la succión orgásmica. Habrá un intercambio de Jing Chi masculino dentro de la mujer mientras ésta deja de moverse y permite que el pene del varón salga de modo que el prepucio quede atrapado entre los músculos vaginales, en contacto con el punto G. Haga la succión orgásmica ascendente. Apriete los labios de la vagina y los glúteos. Apriete también los dientes y coloque la punta de la lengua en la bóveda de la boca. Cierre fuertemente los puños y empújelos hacia los pies. Detenga la respiración. Active las bombas del sacro y del cráneo y contraiga el área del perineo nueve veces. Mire hacia el punto de la corona y succione la energía sexual por la columna, conduciéndola a través de la nuca hasta llegar a la cabeza.

Cuando hayan completado la primera tanda de gran succión y succión orgásmica, estarán listos para iniciar la segunda. Los taoístas argumentaban que llegar a realizar la gran succión y la succión orgásmica diez veces sin que el hombre eyaculara llevaba a la inmortalidad. ¿Quisieran intentarlo y enterarse?

Entre los miembros de la pareja hay un intercambio de energía mientras realizan la gran succión y la succión orgásmica. La energía también puede intercambiarse a través de las manos y puede hacerse ascender por la columna vertebral de la pareja mientras se abrazan.

Si logra sincronizar su respiración con la de su pareja, conseguirá intercambiar energía sexual equilibradota. Cualquiera de los dos puede comenzar. Uno de los dos, digamos el hombre, exhala y dirige energía sexual con su aliento a su compañera, que inhala esta energía sexual. Luego ella exhala y él inhala. Pueden llevar a cabo esta práctica durante todo el tiempo que deseen, e incluso pueden realizarla durante el juego erótico preliminar.

Unir su órbita microcósmica con la de su pareja es la última técnica que voy a presentarle. Hay muchas formas de hacerlo, pero aquí describiré el método más común y fácil.

Método de la figura ocho

1. Inicien el acto sexual.
2. Acerquen sus bocas y bésense. La energía pasa a través de sus lenguas que funcionan como conductores.

Hombres:

3. La energía va de la lengua del hombre a la boca de la mujer. A continuación baja por la garganta al canal funcional.
4. La energía desciende a la vagina y de allí pasa al pene del hombre.
5. El hombre absorbe la energía de nuevo, subiéndola por su columna vertebral y dirigiéndola a su corona, el tercer ojo y la lengua. De aquí vuelve a pasar a la mujer, y se inicia un nuevo recorrido de la energía por la órbita microcósmica.

Mujeres:

3. La energía va de la lengua de la mujer a la boca del hombre, desde donde baja por su garganta al canal funcional.
4. La energía desciende al pene, de donde pasa a la vagina de la mujer.
5. La mujer absorbe la energía de nuevo, subiéndola por la columna vertebral y dirigiéndola a su corona, el tercer ojo y la lengua. De

aquí vuelve a pasar al hombre, y se inicia un nuevo recorrido de la energía por la órbita microcósmica.

Abrir la flor dorada

Hemos llegado al último. Se trata de algo especial. Tiene un sabor del todo distinto a cualquier otra cosa que le haya enseñado en este libro. Posee la calidad de las más valiosas tradiciones orales y está en armonía con el Tao. Puede realizar esta práctica de pie sentado en la posición de abrazar el árbol.

1. Concéntrese en la punta de la nariz. Luego desplace el punto de concentración hacia el tercer ojo.
2. Visualice una luna sonriente que dedica una sonrisa a sus ojos. Sonría a las comisuras internas y externas, las pupilas, el iris, el blanco y los párpados. Levante las comisuras de los labios y relaje la cara, especialmente los ojos.
3. Sonría al corazón, los pulmones, el hígado, los riñones y el bazo.
4. Llene la boca de saliva y dedíquele una sonrisa. Tráguese la saliva. Dirija la energía sonriente hacia abajo a través de su sistema digestivo.
5. Sonría al lado izquierdo del cerebro y luego al derecho. Sonría hacia abajo, por el centro del cerebro, a la base del cráneo. Sonría a su columna, a cada una de sus vértebras, mientras desciende por ella.
6. Devuelva su atención al tercer ojo. Dirija la mirada interior hacia arriba y hacia atrás, para ver el punto de la corona.
7. Visualice una luna llena sobre su cabeza. Véala perfectamente redonda y blanca o plateada. Déjela estar ahí suspendida durante uno o dos minutos mientras hace respiraciones abdominales.
8. La luna comienza a descender lentamente y rodea su cabeza.
9. La luna sigue descendiendo y rodea todo el área de su cuello. Continúa bajando e inunda su pecho.
10. Al mirar hacia adentro y hacia abajo con los ojos internos, ve

cómo la luna alcanza el nivel del plexo solar. Debajo de éste puede ver aguas tranquilas, como la superficie de un lago inmóvil.

11. Ve la luna reflejarse en esa superficie de agua y, después, hundirse lentamente en ella.

12. Mire hacia abajo y vea la luna bajo la quieta superficie del agua.

13. Haga respiraciones de fuelle y note cómo el Tan Tien se va calentando. Al mirar hacia abajo se dará cuenta de que ha estado viendo un reflejo. Ahí donde estaba la luna, ahora ve el sol. Mire cómo se expande y se va haciendo más y más brillante.

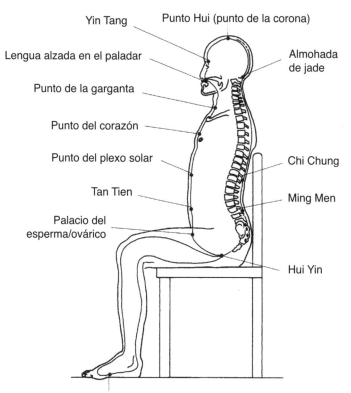

Yin Tang

Punto Hui (punto de la corona)

Lengua alzada en el paladar

Almohada de jade

Punto de la garganta

Punto del corazón

Punto del plexo solar

Chi Chung

Tan Tien

Ming Men

Palacio del esperma/ovárico

Hui Yin

Manantial borboteante

14. Después de sentir el sol en su Tan Tien durante uno o dos minutos vea cómo empieza a contraerse hasta que se convierte en un pequeño punto o perla de 15. Permita que la pequeña perla brillante de luz solar descienda a su perineo.

16. Haga una inspiración inversa, y el pequeño punto de brillante luz solar se disparará hacia arriba, por el canal gobernador, hasta llegar a su corona.

17. Exhale, y la perla de luz solar descenderá hacia abajo, por el canal funcional. De esta misma manera, haga circular la pequeña perla de luz solar por su órbita microcósmica.

18. Después de completar algunas órbitas microcósmicas, inhale y lleve la perla al punto de su corona. Al exhalar haga descender la pequeña perla por el canal funcional hasta alcanzar el perineo. Aquí se divide en dos, las cuales descienden por la parte anterior de las piernas y el empeine de los pies hasta los dedos, desde donde pasan a las dos fuentes borboteantes, situadas detrás de la bola de cada pie.

19. Haga una inspiración inversa y el Chi se elevará desde los talones, por la parte posterior de las piernas, hasta el perineo. Aquí vuelve a unirse y se dispara hacia arriba, por el canal gobernador, al punto de la corona.

20. Haga algunas circulaciones completas, incluido ir de abajo arriba por sus piernas. Ésta se llama la órbita macrocósmica.

21. Devuelva la pequeña perla brillante de luz solar a su Tan Tien. Haga algunas lentas y profundas respiraciones abdominales y mire cómo comienza a crecer la pequeña perla. Se convierte en una flor dorada que se abre, florece en su Tan Tien y flota en las aguas serenas como un loto.

22. Relájese y respire profundamente. Después de uno o dos minutos la flor dorada se desvanece.

23. Recoja la energía en el ombligo. Frótese las manos y masajéese la cara. Frótese las manos de nuevo y cubra a los ojos. Permita que éstos absorban el Chi.

La órbita macrocósmica se conecta a las piernas. La luna es energía Yin. El sol es energía Yang. En esta meditación se combinan el sol y la luna y se crea una pequeña semilla-perla que crece y florece, convirtiéndose en una flor dorada. Ésta crece en el «campo del elixir» o Tan Tien. Su aparición representa un estadio nuevo en su cuerpo que le permite curarse y protegerse a sí mismo, así como un definitivo y profundo aumento de su tercer tesoro en este caso, energía espiritual y energía mental. Finalmente, esta flor dorada tiene un significado diferente para cada persona, aunque para todas es algo positivo.

Una nota final sobre la órbita microcósmica: si a veces le resulta difícil moverla, invierta la dirección del flujo, es decir, suba la energía por el canal funcional y bájela por el canal gobernador. Es recomendable hacerlo unas cuantas veces cada semana, pues con ello se favorece el equilibrio de las energías Yin y Yang y se impide que el Chi se estanque al circular sólo en una dirección.

Es importante que se sienta cómodo mientras siente y dirige el flujo de energía por su cuerpo. Experimente, sea creativo y diviértase. Más importante aún es que practique diariamente y vuelva a consultar este libro siempre que lo necesite, como lo haría con un viejo amigo. Con el tiempo, su corazón compasivo abarcará al mundo entero mientras nutre su mayor posesión.

Tao In
Primera parte

Los ejercicios de Tao In equivalen al yoga Hatha. Parecen haberse originado como series calisténicas combinando el movimiento físico y la respiración desde hace más de dos mil años. Hay un vasto cuerpo de ejercicios llamados Tao In; algunos son muy simples y otros, bastante complejos. Aquí, en esta obra, no vamos a adentrarnos en estos últimos. Hay algunas fuentes en inglés que han ilustrado y descrito muchas formas de Tao In. Sin embargo, como ocurre en el Yi Chin Ching, son los detalles, que a menudo no son tan obvios, los que hacen que los ejercicios sean efectivos. Y esos detalles nunca han sido revelados en ninguna lengua occidental.

Los músculos soas de la parte baja de la espalda están entre los grupos de músculos más importantes del cuerpo. Al realizar muchos de los ejercicios que aparecen en este libro obtendrá mejores resultados si los músculos soas están fortalecidos. Además, son muy importantes para el buen funcionamiento de la bomba del sacro.

Los músculos soas (soa mayor y menor) conectan con todas las vértebras en la parte baja torácica y lumbar de la columna. Otro segmento (ilosoas) corre hacia los huesos de la pelvis y de los muslos. Cuando los músculos soas están relajados, su ancha superficie plana ofrece apoyo a todos los órganos del bajo abdomen. Los soas tiran de las piernas hacia adelante al caminar y determinan la postura del cuerpo estableciendo la inclinación de la pelvis en relación con el resto del cuerpo. Desempeñan un papel relevante en el funcionamiento de la espalda, las caderas y la región pélvica.

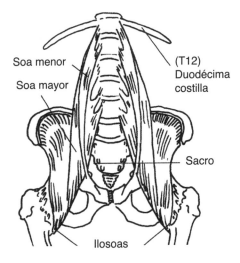

Si los músculos soas se acortan, pueden desequilibrar a todo el cuerpo. Si sólo un lado de los músculos soas se acorta, todos los músculos de ambos lados del cuerpo se activan para compensar el estiramiento de un lado. Esto puede provocar muchos efectos colaterales negativos, como inclinación de la pelvis hacia un lado, rigidez en los huesos de los muslos, tirantez y sensibilidad en la parte baja de la espalda, además de problemas en los tobillos y pies.

La tensión, el miedo y la energía fría originan la contracción de los músculos soas, que están cerca de los riñones, donde se encuentra la fría energía acuática. Un exceso de ésta en los riñones hace que los músculos soas se agarroten y acorten. Cuando se hacen los ejercicios de Tao In, es importante, pues, calentar los riñones. Para ello tendrá que emitir el sonido curativo del corazón, J-A-U-U-U-U-U-U-U, con el que se libera calor de este órgano a través del pericardio, y conducir ese calor mentalmente hacia la columna vertebral, por donde lo hará descender hasta los riñones para calentarlos. De esta forma, también conseguirá calentar y relajar los músculos soas.

Estos también se hallan relacionados de forma muy estrecha con el buen funcionamiento del diafragma. Si los soas están calientes y flexibles, es más fácil respirar profundamente. También están relacionados con los músculos dorsales *latissimus*, que se extienden desde la parte superior de la columna hasta los hombros. Los músculos soas son, pues, un puente importante entre las partes inferior y superior del cuerpo.

Para realizar la mayoría de estos ejercicios, deberá estar sentado o acostado en el suelo. Se requiere una superficie firme; no debe realizarlos en la cama o sobre una superficie mullida. Por lo tanto, el primer paso será encontrar un lugar adecuado en el que pueda practicar. No se necesita mucho espacio; basta con que pueda estar acostado y abrir los brazos y las piernas.

➤ Tao In I: Calentamiento de los músculos soas

Este ejercicio puede hacerlo de pie, sentado o acostado. Voy a explicar la postura de inclinarse hacia abajo, teniendo en cuenta que puede realizarla en las tres posiciones indicadas.

1. Acuéstese sobre la espalda con las piernas estiradas y los brazos a los lados. Relájese y haga algunas respiraciones abdominales lentas.
2. Emita el sonido curativo del catazón, J-A-U-U-U-U-U-U-U, al tiempo que exhala. Conforme lo hace sienta cómo su corazón se relaja y parece hundirse aún más en su pecho (la tensión hace que el corazón avance hacia la superficie del pecho). Haga al menos seis sonidos curativos del corazón.
3. Sienta cómo sale calor del corazón. Diríjalo mentalmente hacia la columna vertebral.
4. Note descender el calor por la columna hasta los riñones y cómo éstos comienzan a calentarse.
5. El calor se esparce desde los riñones hacia la parte inferior de la espalda. Ésta es la región de los músculos soas.

6. Note cómo se calienta la zona inferior de la espalda y se relaja.

7. Si es necesario, haga más sonidos curativos del corazón.

Tao In 2: Abrir las ingles

Muy a menudo los músculos de alrededor de la ingle y de la parte superior del muslo (especialmente los ilosoas) y los tendones se endurecen y tensan restringiendo el movimiento normal. La rigidez en esta región limita la movilidad al caminar y durante el coito. He aquí un sencillo ejercicio de Tao In para abrir y relajar esta área, a la cual los taoístas llaman el *kua*.

1. Siéntese en el suelo.

2. Flexione las piernas y ábralas hacia los lados, juntando las plantas de los pies. Forma una especie de figura de diamante con sus piernas. Los taoístas llaman a esto la posición de mariposa.

3. Ponga una mano encima de cada rodilla. Salvo que esté muy relajado, lo más probable es que las rodillas estén algo levantadas del suelo.

4. Con las manos empuje suavemente hacia abajo las rodillas y hágalas rebotar sobre el suelo.

5. Repita este ejercicio al menos nueve veces. No use mucha fuerza, especialmente si nota mucho dolor en las ingles. No obstante, con el tiempo el dolor y la rigidez desaparecerán. Cuanto más cerca estén sus pies de sus ingles, más tensión notará mientras realiza el ejercicio.

Tao In 3: Estiramiento de los músculos soas

Éste es un ejercicio de varios pasos diseñado con el fin de estirar los músculos pares soas para evitar que uno llegue a estar más largo que el otro. Este ejercicio se hace acostado en el suelo, con las piernas en la posición de mariposa —una figura de diamante con las plantas de los pies tocándose—, pero esta vez levantadas del suelo. A partir de aquí debe estar atento a los detalles. Es importante que cuando levante las piernas también eleve los glúteos del suelo (active la bomba del sacro) y aplane contra el suelo la zona inferior de la espalda (sacro) y la zona media. No se preocupe, se trata de un ejercicio sencillo.

Variante A:

1. Acuéstese en el suelo. Levante las piernas, separe las rodillas y junte las plantas de los pies en la postura de mariposa. Las rodillas deben estar aproximadamente a medio metro del suelo en un ángulo de 45 grados respecto al mismo.

2. Levante los glúteos y aplane las zonas inferior y media de la espalda contra el suelo.

3. Manteniendo la parte posterior de la cabeza en el suelo, sujétese la parte superior de las pantorrillas, justo por debajo de las rodillas, y empuje los muslos hacia abajo con los antebrazos.

4. Haga la respiración abdominal mientras sujeta la parte superior de las pantorrillas para evitar que se caigan, y mantenga los glúteos levantados del suelo. Sentirá un tirón en la parte baja de la espalda, pues ésta tenderá a desplomarse en el suelo mientras usted trata de sostenerla elevada.

5. Mantenga esta postura durante treinta segundos.

Variante B:
La única diferencia entre este ejercicio y la *variante* A es que en éste deberá agarrarse las piernas más abajo, a la altura de los tobillos.

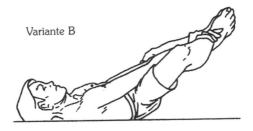

Variante B

Variante C:
La única diferencia entre este ejercicio y la *variante* A es que en éste debe sujetarse las plantas de los pies.

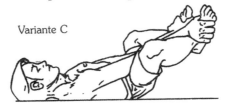

Variante C

Variante D:
Para realizar este ejercicio, debe partir de la postura de la *variante* C. Las piernas están en la posición de mariposa con los glúteos levantados del suelo. Agárrese los pies y empuje hacia abajo las zonas inferior y media de la espalda.

1. Haga una inspiración abdominal.
2. Exhale y empuje el empeine de los pies contra las palmas de la mano, como si estuviese tratando de estirar las piernas. Sentirá un poderoso estirón en la región de los músculos soaso.
3. Inspire y relájese.
4. Repita este ejercicio al menos tres veces por sesión.

Tao In 4: Sentadilla Tao In

A continuación voy a mostrarle dos variantes de la sentadilla Tao In: en la primera, debe elevar una rodilla y, en la segunda, las dos.

Para estirar los músculos soas, tiene que levantar los glúteos y mantener aplanadas contra el suelo las zonas inferior y media de la espalda mientras efectúa estos ejercicios. Es importante que lo haga así para que resulten realmente efectivos.

Variante A: *Sentadilla Tao In con una rodilla levantada*
1. Acuéstese sobre la espalda y haga una inhalación abdominal. Levante y doble la rodilla derecha al tiempo que lleva el talón derecho hacia el glúteo manteniendo la planta de ese pie sobre el suelo. La pierna izquierda debe estar estirada.
2. Agarre la rodilla derecha con los dedos de las manos entrelazados.

3. Levante los glúteos del suelo y aplane el sacro y la zona media de la espalda contra el suelo.
4. Comience la sentadilla exhalando y tirando de la rodilla derecha hacia la cabeza. La pierna izquierda permanece estirada con el pie derecho flexionado.
5. Levante la cabeza y los hombros del suelo; éstos deben estar relajados y la nuca, alineada con la columna. No doble el cuello mientras se levanta.
6. Basta con que levante un poco del suelo los hombros y el cuello. La rodilla derecha no debe llegar a tocar el mentón mientras estira de ella.

7. Exhale y relájese. Repita este ejercicio al menos tres veces por sesión.

8. Haga toda la secuencia, esta vez con la rodilla izquierda flexionada y la pierna derecha estirada.

Variante B: *Sentadilla Tao In con las dos rodillas levantadas*

1. Acuéstese sobre la espalda y flexione las rodillas. Lleve los talones hacia los glúteos manteniendo las plantas apoyadas en el suelo. Haga una respiración abdominal.

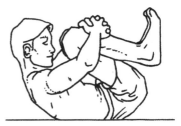

2. Agárrese las rodillas entrelazando los dedos de las manos alrededor de ellas.

3. Exhale y levante los glúteos del suelo. Aplane contra él la zona media de la espalda.

4. Empuje las rodillas hacia la cabeza.

5. Levante al mismo tiempo la cabeza y los hombros y trate de colocar el mentón tan cerca como pueda de las rodillas. Esta vez puede doblar el cuello.

6. Inspire y relájese.

7. Haga este ejercicio al menos tres veces por sesión.

Segunda parte

Continuamos esta semana con los ejercicios de Tao In para las piernas y los músculos soas. La serie que aprenderá esta semana está entre mis favoritas. Todos los ejercicios se hacen acostado sobre la espalda. La clave de todos ellos es mantener los glúteos levantados del suelo, empujar hacia él la parte inferior y media de la espalda y hacer la respiración abdominal. La parte activa del ejercicio consiste en la exhalación de la respiración.

Tao In 5: Empujar con los codos hacia afuera y estrujar las rodillas

1. Acuéstese en el suelo y levante las piernas, juntando los pies en posición de mariposa.
2. Ponga los brazos entre las piernas, por encima de la línea media del cuerpo, y junte las palmas.

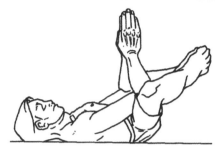

3. Empuje los codos hacia afuera hasta que toquen las rodillas. Si es necesario, cierre un poco las piernas para ponerlas en contacto con los codos.
4. Haga una inspiración abdominal y permanezca relajado.
5. Exhale lentamente y, al mismo tiempo, trate de estrujar las dos rodillas mientras empuja hacia afuera con los codos para impedir que éstas se muevan más de tres o cuatro centímetros. Levante los glúteos del suelo.
6. Inhale y reléjese al tiempo que baja los glúteos al suelo.
7. Repita esta secuencia al menos tres veces por sesión.

Tao In 6: Empujar las rodillas hacia arriba

1. Acuéstese sobre su espalda y, manteniendo las piernas juntas, levántelas del suelo y flexione las rodillas formando un ángulo de noventa grados, de modo que sus piernas queden en forma de L (las pantorrillas están horizontales al suelo).

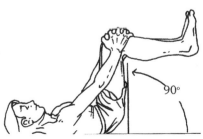

2. Agárrese las rodillas con las dos manos, entrelazando los dedos.
3. Realice una inspiración abdominal y permanezca relajado.
4. Exhale lentamente y levante los glúteos del suelo. Ahora trate de elevar las rodillas hacia el techo mientras las empuja hacia abajo con las manos.
5. Inhale, relájese y baje los glúteos.
6. Repita esta secuencia al menos tres veces por sesión.

➤ Tao In 7: Empujar las rodillas hacia la cabeza

1. Acuéstese sobre su espalda. Levante las rodillas como en Tao In 6, pero esta vez cruce los tobillos.
2. Coloque la punta de la lengua en el paladar, detrás de los dientes.
3. Flexione las muñecas (los dedos deben estar apuntando hacia arriba), y coloque las palmas de las manos a dos tercios de la extensión de cada muslo, de modo que las yemas sólo toquen las rodillas.
4. Haga una inhalación abdominal y permanezca relajado.
5. Exhale; levante los glúteos del suelo y trate de empujar las rodillas hacia la cabeza al mismo tiempo que evita ese acercamiento haciendo presión contraria con las manos sobre los muslos.
6. Inhale, relájese y baje los glúteos.
7. Repita esta secuencia al menos tres veces por sesión.

Tao In 8: Empujar para separar las rodillas

1. Acuéstese sobre su espalda y, manteniendo las piernas juntas, levántelas del suelo y flexione las rodillas formando un ángulo de noventa grados, de modo que sus piernas queden en forma de L (las pantorrillas están horizontales al suelo). Iniciamos esta secuencia tal como lo hicimos en Tao In 6.
2. Rodee las rodillas con las manos entrelazando los dedos.
3. Haga una inhalación abdominal y permanezca relajado.
4. Exhale lentamente y levante los glúteos del suelo.
5. Al mismo tiempo trate de separar las rodillas (empujando hacia afuera), mientras evita que se muevan más de unos cuantos centímetros haciendo presión contra ria con los brazos y las manos, que se mantienen entrelazadas.
6. Inhale, relájese y baje los glúteos.
7. Repita esta secuencia al menos tres veces por sesión.

Tercera parte

Los ejercicios de Tao In que ha aprendido hasta ahora son los mejores que conozco para fortalecer la parte inferior de la espalda y los músculos soas. Esto es importante en la práctica por una serie de razones: la parte inferior de la espalda es con frecuencia el lugar más débil del cuerpo, y fortalecer esta región nos permite activar el sacro y la bomba sacral. Ésta se mueve hacia la parte anterior del cuerpo, al final de la zona inferior de la baja espalda, mientras la parte superior del sacro se mueve hacia afuera, hacia la espalda, en la región del Ming Men, detrás del ombligo. Esta acción de bombeo de la parte inferior de la columna hace que el fluido espinal suba hacia arriba por la médula, estira la columna y ayuda a deshacer bloqueos de energía. Asimismo, permite que el Chi y el Jing Chi fluyan suavemente por la espalda. Todo ello es muy importante para las prácticas sexuales. Cuando la bomba sacral se activa adecuadamente, a la persona le resulta más fácil arraigarse en la tierra y utilizar la energía que obtiene de ella para sostenerse. En general fortalece la estructura del cuerpo al favorecer una buena postura cuando se está de pie y al ayudar a caminar con más soltura, menos agarrotado.

Esta semana terminaré la serie de los músculos soas con un ejercicio final conocido como «el arco». Luego continuaremos con tres ejercicios de estiramiento que hacen trabajar todo el cuerpo.

Es importante recordar que los ejercicios de Chi Kung de este libro están diseñados para darle dinamismo, fortalecerle, mantenerle en un buen estado de salud y mejorar el flujo de energía vital en todo su cuerpo. No tienen como objetivo embellecer su cuerpo. Algunos de los mejores practicantes que he conocido no parecían expertos en artes marciales o instructores. Su constitución no parecía fuera de lo corriente y algunos incluso eran aparentemente débiles o fofos. No obstante, sus cuerpos escondían los secretos del poder interno que poseían. Ha estado aprendiendo muchos de esos secretos en este libro. El poder del perineo, las bombas del sacro y del cráneo, la respiración inversa, tragar saliva, proteger el aura y la órbita microcósmica..., todo ello es importante para aumentar el poder interno. Esta práctica, conocida como Nei Kung, con frecuencia era considerada la forma más elevada de arte marcial.

El conocimiento del poder interno, Nei Kung, es el que transforma los ejercicios físicos o Wei Kung —como el Tao In y el Yi Chin Ching— en algo más que simple calistenia. El saber cómo dirigir el Chi con la mente, la respiración y el poder del perineo convierte estos ejercicios en expresiones físicas de poder interno. Dije antes que hacer Tai Chi Chuan se reduce a una danza elegante si no se conoce la respiración correcta y no se domina el flujo del Chi. Estaba hablando entonces del conocimiento del poder interno. De eso es de lo que se trata.

Tao In 9: El arco

1. Acuéstese sobre su espalda, con las piernas juntas y estiradas y los brazos a los lados.
2. Haga una inhalación abdominal y manténgase relajado.
3. Exhale lentamente y levante las piernas y los pies del suelo.

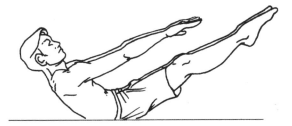

4. Al mismo tiempo eleve el torso desde la cintura. Levante los brazos y trate de tocar los dedos de los pies con las manos. Intente mantener el cuello alineado con la columna.
5. Su cuerpo tiene forma de V al levantar al mismo tiempo las piernas y el torso. Active la bomba del sacro y mantenga la parte inferior de la espalda en contacto con el suelo al tiempo que alza las piernas y el torso.
6. No es necesario que toque los dedos de sus pies, sólo que trate de llegar hasta ellos. Levántese cuanto pueda mientras exhala con lentitud. Al tiempo que completa la exhalación puede doblar la cabeza y el cuello hacia adelante para lograr el máximo estiramiento.
7. Acuéstese de nuevo en el suelo, relájese e inhale.
8. Repita esta secuencia tres o más veces si puede.

Tao In 10: El arco inverso

1. Acuéstese boca abajo, con los brazos estirados hacia adelante y las piernas también estiradas.

2. Haga una inspiración abdominal y permanezca relajado.
3. Exhale lentamente y levante al mismo tiempo las piernas y el torso. Arquéese desde el ombligo, que debe permanecer en contacto con el suelo, de modo que forme una especie de V con el cuerpo.
4. Active la bomba del cráneo, hundiendo el mentón en el pecho y empujando la parte posterior de la cabeza hacia atrás y hacia arriba para mantener el cuerpo derecho.

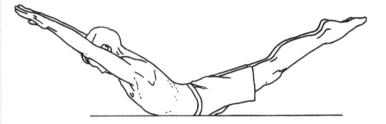

5. Los brazos deben estar levantados a la altura de los hombros. Estire los dedos hacia adelante.
6. Estire los dedos de los pies derechos hacia atrás.
7. Acuéstese de nuevo boca abajo, relájese e inhale.
8. Repita esta secuencia tres o más veces si puede.

Tao In 11: Estiramiento acostado

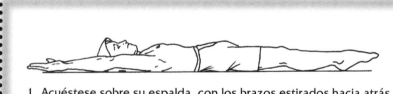

1. Acuéstese sobre su espalda, con los brazos estirados hacia atrás tocando el suelo. Los pies también tienen que estar estirados pero hacia adelante, sin levantarlos del suelo.
2. Haga una inspiración abdominal y relájese.
3. Exhale lentamente y active la bomba del sacro aplanando la zona

inferior de la espalda contra el suelo. Active al mismo tiempo la bomba del cráneo empujando la nuca tan cerca del suelo como le sea posible.

4. Estire los brazos y las manos por detrás de la cabeza, al mismo tiempo que también estira los dedos de los pies hacia adelante. No levante los brazos ni las piernas del suelo y mantenga la parte inferior de la espalda en contacto con éste.

5. Relájese e inhale.

6. Repita esta secuencia tres o más veces.

Tao In 12: Estirar de los dedos de los pies estando acostado

1. Acuéstese sobre su espalda, con las manos a los costados, las piernas estiradas y los pies flexionados (los dedos están apuntando hacia arriba). Coloque la punta de la lengua en la bóveda de la boca.

2. Haga una inhalación abdominal y manténgase relajado.

3. Exhale y active las bombas del sacro y del cráneo y aplane la espalda y la nuca contra el suelo.

4. Exhale lentamente. Sin mover las piernas, estire de los dedos de los pies hacia la cabeza.

5. Al mismo tiempo cierre las manos en un puño y empuje los dedos corazones dentro del centro de las palmas.

6. Relájese e inhale.

7. Repita la secuencia tres o más veces.

Al presionar dentro del centro de la palma con el dedo corazón se activa la cavidad del dragón en la mano derecha y la cavidad del tigre en la izquierda. Ambas están ligadas al corazón (pericardio) y al bajo abdomen. También son importantes para controlar el deseo sexual y el derramamiento de Jing Chi.

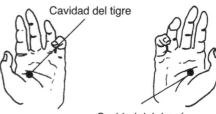

Cavidad del tigre

Cavidad del dragón

Cuarta parte

Esta semana va a practicar una variedad de cuatro tipos diferentes de ejercicios de Tao In. Son posiciones especialmente útiles para la parte superior de la espalda y para los hombros. Resultan un poco más difíciles de describir que los otros que ha aprendido, pero si sigue las indicaciones con cuidado no tiene por qué tener problemas. Todos los ejercicios de Tao In que aparecen en esta obra los aprendí del maestro Mantak Chia. Hasta ahora, la mayoría de ellos nunca habían sido transmitidos a través de un libro.

Tao In 13: Flexionar la rodilla y levantar el hombro

Este ejercicio resulta maravilloso para estirar los músculos de los brazos, las piernas, la columna, la espalda y los hombros. Preste especial atención al estiramiento final, cuando gira lentamente la espalda y levanta el hombro. Debe empezar a girar la parte inferior de la espalda, después la zona media y, por último, la superior. Vaya haciéndolo de forma sucesiva, no gire toda la espalda al mismo tiempo.

1. Siéntese en el suelo con la pierna izquierda estirada hacia adelante.
2. La pierna derecha está en reposo con la rodilla flexionada y el

pie recogido, tocando la parte alta del muslo izquierdo. Haga una inhalación abdominal.

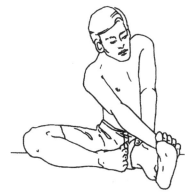

3. Espire lentamente e inclínese hacia adelante hasta tocar el pie izquierdo, que está flexionado, con la mano izquierda. Si no puede doblarse tanto, trate de llegar hasta el tobillo izquierdo. La mano derecha descansa sobre la rodilla derecha.

4. Flexione lentamente el codo izquierdo a fin de que toqué la rodilla izquierda, al tiempo que también baja hacia ella la cabeza. Hágalo despacio. Comenzando por la parte inferior de la espalda, sienta cómo tus vértebras van abriéndose una a una.

5. Cuando tenga la cabeza lo más cerca posible de la rodilla izquierda, haga presión con la mano derecha contra la rodilla derecha, enderezando ese brazo. De esta forma empuja el hombro derecho hacia arriba y hacia atrás.

6. Lentamente gire el torso hacia la derecha mientras sigue haciendo presión con la mano derecha contra la rodilla derecha, enderezando el brazo. Empiece a girar por la parte inferior de la espalda.

7. A continuación, gire un poco más hacia la derecha, movilizando ahora los músculos de la espalda media.

8. Finalmente, gire hacia la derecha los músculos de la zona alta de la espalda, al mismo tiempo que levanta y empuja hacia atrás, lo más lejos que pueda, el hombro derecho. La cabeza debe girar hacia la derecha mientras el hombro se mueve hacia arriba y hacia atrás. No use los músculos del cuello para girar la cabeza.

9. Relájese, repita esta secuencia tres veces y luego haga lo mismo girando hacia la izquierda. Acostúmbrese a girar los hombros cuando gire la cabeza, pues de esta forma evita crear tensión en los músculos y tendones del cuello. Este ejercicio y el siguiente están pensados para abrir y aflojar la tensión de los hombros.

Tao In 14: Empujar y estirar de la pierna

Éste es otro ejercicio que se divide en tres partes. Es bastante sencillo y favorece el estiramiento de los tendones y los músculos de todo el cuerpo, pero especialmente de los de la parte alta de la espalda y los hombros.

Debe mantener una mano sobre la pierna extendida, por encima de la rodilla, y empujar con ella. En cada una de las tres posiciones, debe hacer presión con una mano contra una pierna al tiempo que endereza el brazo, al igual que ha hecho en el ejercicio anterior, y, al mismo tiempo, con la mano contraria debe estirar de esa misma pierna extendida y girar el torso, deteniéndose en tres posiciones:

1. En la parte alta de la pantorrilla, por encima de la rodilla.
2. En la mitad de la pantorrilla, entre la rodilla y el tobillo.
3. En el pie.

Ésta es la posición de estirar. Debe estirar desde cualquiera de las tres posiciones indicadas mientras empuja con la otra mano situada por encima de la rodilla. Parta de la posición inicial señalada en Tao In 13.

Parte A:
1. Siéntese en el suelo con la pierna izquierda estirada hacia adelante.
2. La rodilla derecha debe estar flexionada y el pie, recogido, tocando la parte superior del muslo izquierdo. Haga una inspiración abdominal.

3. Ponga la mano izquierda sobre el muslo, por encima de la rodilla.

4. Inclínese hacia adelante y, manteniendo el brazo derecho estirado, agarre con esa mano la parte superior de la pantorrilla izquierda, por debajo de la rodilla.

5. Exhale lentamente. Estire de la pantorrilla izquierda con la mano derecha.

6. Al mismo tiempo, con la mano izquierda, haga presión contra la pierna de este lado, por encima de la rodilla. Empuje hasta que el brazo izquierdo quede estirado.

7. Mientras estira y empuja, debe girar el cuerpo hacia la izquierda: al hacerlo, el hombro derecho se hunde y el izquierdo va elevándose. Estírese tanto como pueda.

8. Exhale y relájese.

Parte B:

1. Ponga la mano derecha en la pantorrilla izquierda, en el punto entre la rodilla y el tobillo. Excepto este cambio y el hecho de que, debido a él, tiene que inclinarse más hacia adelante, el ejercicio es como el descrito en la parte A.

Parte C:

1. Agárrese con la mano derecha la planta del pie izquierdo. Si no puede hacerlo, cójase del tobillo. Repita el ejercicio tal como se ha descrito en la parte A.

2. Repita el ejercicio con la pierna derecha estirada hacia adelante y el pie izquierdo tocando la parte superior del muslo derecho. Haga las tres posiciones.

Tao In 15: Empujar montañas

El ejercicio de empujar montañas se puede hacer de pie o sentado. Es muy sencillo, pero debe tener perfectamente en cuenta todos los detalles. Se trata de un ejercicio excelente para estirarse y abrir las vértebras de la parte superior de la espalda.

Debe levantar las manos y empujar con ellas hacia un lado al mismo tiempo que gira la cabeza hacia la dirección contraria.

1. Debe iniciar el ejercicio con los brazos estirados a los lados. Doble el derecho y lleve la mano hacia arriba, a la altura del hombro. Abra la rnano en dirección aliado derecho. El codo debe permanecer flexionado, y cerca del cuerpo, pero sin tocarlo.

2. Doble el codo izquierdo y lleve la mano de este lado hacia arriba, ala altura del hombro. Abra la mano en dirección al lado derecho. El codo debe permanecer doblado y cerca del cuerpo.

3. Gire la cabeza hacia la izquierda (la dirección hacia donde miran sus manos).

4. Inhale y permanezca relajado.

5. Exhale lentamente y estruje las manos y los brazos como aprendió a hacer en el cambio clásico músculo tendón. Al mismo tiempo empuje con ambas manos hacia el lado derecho. En realidad sus brazos apenas deben moverse mientras estruja y empuja. Imagínese que está empujando montañas con su poder interno.

6. Ahora gire la cabeza cuanto pueda hacia la izquierda al mismo tiempo que empuja y estruja aún más los brazos y las manos.

7. Inhale y relaje el cuello. Baje los codos.

8. Repita esta secuencia tres veces.

9. Realice el ejercicio invirtiendo lados, es decir, empuje y estruje con las manos y los brazos hacia el lado izquierdo mientras gira la cabeza hacia la derecha. Repítalo tres veces.

Tao In 16: Torsión del tendón del brazo

Este ejercicio resulta especialmente útil para los tendones de los antebrazos, las manos, el hombro y los lados del cuello. Puede realizarse de pie o sentado.

1. Inhale y doble el codo del brazo izquierdo frente a usted, de modo que quede apuntando hacia abajo, más o menos a la altura del plexo solar. La mano y el brazo izquierdos deben estar levantados, con la palma vuelta hacia su cara.

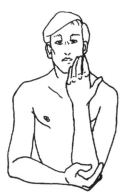

2. Sujete el codo izquierdo con la mano derecha en forma de copa y estire de él hacia la mitad de su cuerpo, hasta que el codo izquierdo quede cerca del plexo solar, donde debe permanecer durante el resto del ejercicio.

3. Exhale lentamente y, comenzando por la muñeca izquierda, estruje y levanté la mano y el antebrazo izquierdo.

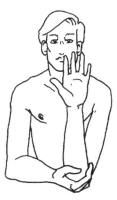

4. Mientras estruja, use los tendones del brazo izquierdo para girar la palma hacia afuera, alejada de la cara.

5. Relájese y repita el ejercicio unas cuantas veces. Luego haga lo mismo con el brazo derecho.

Chi Kung

En mi vida he tenido la oportunidad de aprender de muchos maestros y practicantes de Chi Kung. Hay multitud de formas y estilos. Un instructor de la China continental me dijo que él conocía más de doscientas formas diferentes de Chi Kung. Mantak Chia me dijo que lo que es realmente importante es dominar algunas formas básicas y aprender a construir unas bases firmes para saber controlar el Chi. Según él, quienes no lo hacen así, se apartan del camino al engañarse a sí mismos creyendo que están haciendo progresos con el Tao mientras continúan aprendiendo más y más formes de Chi Kung y Tai Chi.

Personalmente disfruto aprendiedo técnicas nuevas de vez en cuando, pero procuro no aprender muchas formas diferentes en un lapso corto de tiempo porque hay demasiado que practicar y sé que, si quisiera hacerlo todo, necesitaría las veinticuatro hora del día y no hay necesidad de hacer algo así en absoluto. Dije, cuando comenzamos la práctica, que tan sólo necesitaría contar con quince minutos de su tiempo diariamente. Puede que esta semana tenga que dedicar a los ejercicios media hora o más al día, pero aun así eso no puede considerarse demasiado tiempo. Aunque ya son muchas las cosas que le he propuesto hace, una vez pasa la etapa semanal de aprendizaje de los ejercicios, realmente no lleva mucho tiempo practicarlos. Lo importante es hacerlos diariamente.

Existen técnicas de Chi Kung muy duras que sólo practican expertos de artes marciales; entre ellas, cabe mencionar el desarrollo de la capacidad para absorber golpes corporales que, de otra forma, serían mortales. Pero éstas son técnicas que están fuera del alcance de este libro. Hay ejercicios más moderados, que buscan mover la energía combinando respiración con movimiento. Asimismo, existen otras técnicas más moderadas que se ocupan de sentir y moderar el flujo del Chi. Son técnicas que requieren de poco o ningún movimiento y a menudo involucran la capacidad de absorber y transmitir Chi dentro y fuera de los dedos y palmas de las manos. Esta rama del Chi Kung a menudo se encuentra asociada con la curación.

►Palma Yin-Yang

Este ejercicio amplía el concepto de la «respiración» de las manos. Los taoístas creían que las palmas podían ser entrenadas para absorber Chi del universo (Chi celestial) y transmitirlo al mundo que nos rodea.

Según los taoístas, el universo que se nos manifiesta está regido por tres fuerzas esenciales: las Tres Puras, que fueron creadas por la interacción del Yin y el Yang. El clásico taoísta, *Tao Te Ching*, de Lao Tzu, nos dice:

El Tao produjo el Uno (Tai Chi);
el Uno produjo el Dos (Yin y Yang);.
el Dos produjo el Tres (las Tres Puras);
el Tres produjo toda la miríada de cosas (toda la existencia).

Las Tres Puras son el *Chi universal* o *celestial,* el *Chi del plano humano* y el *Chi terrestre.* El Chi celestial incluye el Chi o energía de todos los planetas, estrellas y constelaciones, así como la energía de Dios (fuerza de la creación y amor universal). El Chi del plano humano es la energía que existe sobre la superficie del planeta y sostiene la vida humana, y la fuerza de la tierra incluye todas las fuerzas existentes dentro del planeta y las cinco fuerzas elementales.

En este ejercicio conectamos el plano humano con la fuerza celestial y la fuerza de la tierra. Para lograrlo, hay que absorber Chi celestial con la palma de la mano izquierda, la palma Yin, y transmitirlo a la tierra con la palma de la mano derecha, la palma Yang. Antes, cuando describí el Yin y el Yang, ya dije que nos ocuparíamos más abundantemente de los aspectos referentes a ser receptivos (Yin) y activos (Yang). La mano izquierda recibe Chi celestial y es, pues, Yin, mientras que la derecha es activa y transmite Chi a la tierra, por lo que, consecuentemente, es Yang.

La palma Yin-Yang es una práctica sencilla y tranquila que siempre se ve favorecida por la energía sonriente.

1. Siéntese en una silla manteniendo la espalda erguida y cierre los ojos. Establezca energía sonriente en sus ojos y sienta la conexión de éstos con las comisuras de la boca.
2. Deje reposar la mano izquierda sobre el muslo izquierdo, manteniendo los dedos abiertos y las palmas mirando hacia arriba.
3. La mano derecha debe estar próxima al muslo derecho, con los dedos abiertos y la palma mirando hacia abajo.
4. Imagine que mientras inhala, el Chi, girando en espiral en la dirección de las agujas del reloj, desciende de lo alto y entra por el centro de la palma izquierda.
5. El Chi sube por su brazo izquierdo hasta el hombro y, tras cruzar el pecho, llega al hombro derecho.
6. Cuando exhala, el Chi es emitido desde el centro de la palma derecha y desciende girando en espiral en el sentido contrario de las agujas del reloj y se introduce en el suelo.
7. Continúe con estos ejercicios durante unos cuantos minutos.
8. Para completar la serie, frótese las manos y masajee su cara.

Este ejercicio es básico para poder llevar a cabo muchas técnicas curativas taoístas, en las que la palma derecha se usa para transmitir Chi curativo a uno mismo o también a otros. Ésta es una forma de arte muy desarrollada en China. La transmisión de Chi está científicamente aceptada y la practican muchos médicos chinos. Por favor, advierta que el Chi que se transmite primero ha sido absorbido del exterior del practicante, de modo que éste actúa como conductor de la energía, es decir, que esa persona no transmite su propia energía, lo que se considera muy peligroso y potencialmente debilitante.

Yi Chin Ching

Se dice que Da Mo, que como ya señalamos al principio fue el fundador del Kung Fu Shaolin, el Zen, y el Yi Chin Ching, meditó en una cueva durante nueve años antes de estar listo para enseñar a los monjes budistas chinos los ejercicios que formaban el fundamento del Kung Fu Shaolin.

Da Mo enseñó tres niveles diferentes de ejercicios. El Yi Chin Ching, el cambio clásico músculo-tendón, tiene que ver con el primer nivel y su objetivo principal es fortalecer los músculos y hacer crecer los tendones al mismo tiempo que se aprende a dirigir Chi a las extremidades.

Hoy en día, en China, hay muchas series diferentes de ejercicios, conocidos por el nombre de Yi Chin Ching. Algunos implican un mínimo movimiento mientras que otros son bastante enérgicos. Mantak Chia me dijo que él conocía setenta ejercicios de Yi Chin Ching. Yo mismo conozco bastantes, pero obviamente no puedo enseñarlos todos. Quiero seguir con mi propósito de hacer las cosas sencillas; no obstante, hay ciertos principios y movimientos esenciales que son necesarios conocer y entender para obtener el beneficio completo del entrenamiento del Yi Chin Ching. Muchos de los movimientos son, en la práctica, sencillos pero hay mucho más de lo que puede percibirse a primera vista, así que procuraré hacerlo lo mejor posible para que las explicaciones continúen siendo claras y fáciles.

► Cómo permanecer de pie: las tres bombas

Los ejercicios de cambio músculo-tendón se realizan de pie, aunque la mayoría pueden adaptarse a la postura de sentado.

En todos los ejercicios la respiración debe ser abdominal, relajándose al inspirar y estirando del perineo al espirar, al tiempo que adopta la postura apropiada. Se considera que el perneo es la primera bomba.

La segunda bomba es la del sacro, qué es el hueso triangular grande compuesto de cinco vértebras fusionadas en la parte inferior de la columna que comienza justo en la parte superior del coxis (hueso de la rabadilla) y termina aproximadamente al nivel del ombligo, en el punto conocido como Ming Men (puerta de la vida). En la mayoría de las personas, la parte inferior del sacro se inclina hacia afuera, alejándose de la espalda, mientras que la parte superior se inclina hacia adentro, en dirección al ombligo. Al enderezar el sacro, metiendo hacia adentro la parte de abajo, este hueso actúa como una bomba enviando Chi o Jing por la columna vertebral hacia arriba hasta la tercera bomba.

Ésta se encuentra en la parte posterior del cráneo y se conoce como «bomba del cráneo». Envía el Chi o el Jing hasta lo alto de la cabeza y se activa empujando la cabeza hacia atrás y enderezando el cuello a continuación.

El siguiente ejercicio es muy sencillo y sirve para activar las tres bombas.

1. Póngase de pie y apóyese contra una pared plana. Los pies pueden estar tocando la pared o un poco separados de ella, pero las nalgas, la parte superior de la espalda y la parte posterior de la cabeza deben estar apoyadas contra la pared. Deje caer los brazos a los lados.

2. Haga una inspiración de respiración abdominal, expandiendo el

bajo abdomen. Mantenga relajado el cuerpo al tiempo que se mantiene apoyado contra la pared.

3. Espire y estire todo el área del perineo, incluidos las dos puertas anteriores de los genitales, el perineo y el ano.

4. Estire de los músculos de los ojos y levante la lengua hasta el paladar.

5. Simultáneamente meta hacia adentro la parte inferior del sacro. Sabrá que lo ha hecho correctamente si no queda espacio entre la parte baja de su espalda y la pared. En otras palabras, empuje la parte baja de la espalda contra la pared para activar la bomba del sacro.

6. También debe empujar contra la pared la parte posterior de la cabeza, de modo que la nuca quede cerca o prácticamente toque la pared y parezca estirarse hacia arriba. Puede servirle de ayuda el bajar el mentón hacia el hueco del cuello y usar la punta del dedo índice derecho para empujar la cabeza hacia atrás presionando el punto que se encuentra justo abajo de la nariz. (Recuerde que se trata del punto Yen Chong y hablamos de él la primera semana cuando en el apartado de automasaje taoísta de rejuvenecimiento tratamos el masaje en la parte inferior de la nariz.)

7. Inspire y relájese. Durante esta semana, haga este ejercicio seis veces o más en cada sesión.

Éste es un ejercicio que resulta importante para la práctica futura.

Cuando su espalda esté aplanada contra la pared, trate de meter una mano entre la parte baja de la columna y la pared. Si logra hacerlo, debe empujar aún más la parte inferior del sacro hacia el perineo.

Trate de meter una mano por detrás de su cuello. Si queda espacio (y probablemente lo habrá), enderece más el cuello. La técnica de estirar de los ojos resulta útil para reducir la tensión y hacer desaparecer los bloqueos que suelen afectar a la nuca, una zona donde los músculos y los tendones pueden llegar a estar muy doloridos. Al estirar del perineo y de los ojos puede sentir que algo está sucediendo dentro de su columna vertebral. Quizá sienta como un hormigueo o una acometida de energía que asciende por ella, y es que cuando se activan las tres bombas, se hace ascender fluido espinal por la columna. Su Jing comienza a subir. Se requiere perseverancia.

▶ *Estrujar las manos*

Otro concepto importante del Yi Chin Ching es estrujar o comprimir los músculos. La idea es sencilla: al espirar, debe apretar y estrujar los músculos como si los estuviese comprimiendo dentro de sus huesos. Requiere de muy poco movimiento. Comenzaremos con los músculos y tendones de las manos.

1. Coloque las manos ante usted con las palmas enfrentadas y separadas entre sí de diez a quince centímetros. Los dedos deben estar también separados entre sí y los codos, doblados y mirando hacia abajo.
2. Inspire y mantenga las manos y los brazos relajados...
3. Espire y estruje los músculos de los dedos y las manos, como si quisiera aplastarlos contra los huesos. Esto requiere de muy poco movimiento. Los dedos pasan de estar flojos a rígidos mientras usted va sacando aire y apretando los músculos. No estruje los del antebrazo o brazo; éstos deben mantenerse relajados (o al menos trate de que así sea).
4. Mientras exhala y estruja, dirija mentalmente el Chi hacia abajo, pasando por los hombros, los brazos y las palmas hasta llegar a las yemas de los dedos.
5. Use la mente para sentir momentáneamente la yema de cada dedo: de los pulgares, índices, corazones, anulares y meñiques. ¡Esto es importante!
6. Inspire y relájese. Haga este ejercicio al menos tres veces por sesión. Trate de hacer tres o más sesiones diarias esta semana.

Puede resultarle difícil estrujar las manos y mantener relajados los brazos. Como no puedo estar junto a usted para decirle si lo está haciendo bien, sólo puedo recomendarle cómo verificarlo. Afloje un brazo, póngalo ante usted y pálpelo con la otra mano para sentir cuán suaves están los músculos cuando no están flexionados. Si aún lo están, esto significa que no los está relajando y debe dirigirlos u ordenarles que se aflojen. La mente Yi puede dirigir la concentración a un lugar específico del cuerpo; ello hace que el Chi fluya hacia ese punto y entonces aumente el flujo de sangre alrededor de ese punto de concentración. Si nota que no consigue relajar y suavizar sus músculos, continúe haciendo el ejercicio. Masajear los músculos del brazo puede ayudarle, y aún puede resultar más efectivo que alguien le dé los masajes.

Cuando estruje los dedos y las manos, los músculos de los antebrazos y los brazos deben permanecer lo más flojos posible, aunque es normal que sienta algún movimiento bajo la piel. Es más fácil relajar el brazo que el antebrazo. Practique hasta que lo logre.

Bibliografía

Frantzis, Bruce, *Taoist Breathing for Tai Chi and Meditation: Twenty-Four Exercises to Reduce Stress, Build Mental Stamina, and Improve Your Health*, North Atlantic Books, 2009.

Khor, Gary, *Tai Chi for Better Breathing: Exercises to Improve Overall Fitness*, Simon & Schuster, 2001.

Lao, Tzu, *Tao Te Ching*, Barnes & Noble, 2005.

Lu Huang, Jane, *The Primordial Breath: An Ancient Chinese Way of Prolonging Life through Breath Control*, Original Books Inc., 1987.

Mantak, Chia, *Simple Chi Kung*, Inner Traditions, 2011.

Palmer, David A. *Qigong Fever: Body, Science, and Utopia in China*, Columbia University Press, 2007.

Requena, Yves, *Chi Kung: The Chinese Art of Mastering Energy*, Inner Traditions, 1996.

Smullyan, Raymond M., *Tao Is Silent*, HarperCollins Publishers, 1977.

Sumner, Ged, *Experiential Chi Kung You Are How You Move*, Jessica Publishers, 2009.

Yang, Jwing-Ming, *The Root of Chinese Chi Kung*, YMAA Publication Center, 1989.

Yang, Jwing-Ming, *Qigong Meditation: Embryonic Breathing*, YMAA Publication Center, 2003.

En esta misma colección:

ASMA Y ALERGIAS

Andrew Redford

El sistema inmunológico suele reaccionar de forma exagerada a sustancias que suelen ser inofensivas, tales como ácaros o el mismo polen. El cuerpo produce un anticuerpo que reconoce al alérgeno, liberando determinadas sustancias, como la histamina, que provoca los síntomas alérgicos que pueden afectar los ojos, la nariz, la garganta o bien las vías respiratorias, pudiendo producir en este caso episodios asmáticos.

Este libro relata todos aquellos factores que inciden en episodios alérgicos y ofrece un abanico de alternativas naturales para combatirlos, desde la homeopatía, la naturopatía, la acupuntura o la aromaterapia. Y dedica una especial atención a las alergias alimenticias y las que afectan –cada vez más– a los niños.

- ¿Existe una conexión directa entre bienestar emocional y alergias?
- ¿Cómo pueden curar las hierbas?
- ¿Cómo puede evitarse la toxicidad de ciertos alimentos?
- ¿Qué papel juega la dieta en la aparición de una alergia?

LA ALIMENTACIÓN ENERGÉTICA

Robert Palmer y Anna Cole

Una nutrición idónea permite un correcto trabajo de las funciones vitales e incrementar el potencial de las competencias cerebrales. Por eso es tan importante llevar una alimentación correcta, es la mejor alternativa de cara a tener una buena salud. En cambio, una nutrición incorrecta reduce la inmunidad ante las enfermedades, altera el desarrollo físico y mental de los más jóvenes y reduce la productividad.

Este libro ofrece los conocimientos básicos para llevar una alimentación adecuada de cara a saber qué alimentos necesita el organismo y cómo afectan al estado de salud general de cada persona, así como las combinaciones óptimas que redundarán en un mejor bienestar.

- ¿Es posible eliminar las proteínas animales?
- ¿Cuáles son las vitaminas esenciales para el cerebro?
- ¿Por qué la fibra ayuda a combatir el estreñimiento?
- ¿Cómo se detecta una carencia de vitaminas o sales minerales?

LA PRÁCTICA DE LA VISUALIZACIÓN CURATIVA

Sharon Wayne

La visualización curativa es una actividad natural que consiste en la creación consciente de impresiones sensoriales con el propósito de dar un giro en la vida. Estas representaciones mentales que cualquiera puede fabricarse pueden ser una poderosa herramienta para mejorar en cada faceta de nuestra vida, como forma de terapia o proceso de curación y control del dolor. Pero, ¿cómo se realiza la visualización curativa? ¿Es difícil? ¿Para qué puede utilizarse?

Este libro le mostrará su capacidad para visualizar a fin de que pueda aprovechar esta actividad y pueda ayudarle a mantenerse apto, saludable y feliz.

- Reglas para una visualización efectiva.
- Aplicaciones para la autocuración de diferentes
- enfermedades.
- Aprenda a modificar la manera como interactúa con otras personas.
- La visualización programada para lograr objetivos.
- Ejercicios para mejorar los aspectos positivos de la vida.